# あれから七十三年

## 二十二人の戦後引揚体験記

旧満洲九話、朝鮮半島七話、中国三話、内蒙古二話、ソ連一話

[監修] 堀田広治
[編纂] 引揚げ港・博多を考える集い
[挿画] 松崎直子

図書出版のぶ工房

**二日市保養所跡に建つ「仁」の碑の前で**

前列左から二人目に森下昭子、四人目に盛多芳子、右に堀田広治、山本千恵子。
後列左から八人目に熊谷佳子、右に高橋恵美子、三人おいて松崎直子（敬称略）。
［平成22年５月］

# 「今を生きる私たちに残された財産」

堀田広治

## 糸山泰夫さんとの出会いから

忘れ去られようとしている博多港の戦後引揚げの歴史を多くの人に伝えていきたい、そのことを通して戦争の悲惨さや平和の尊さを感じてもらいたい、との思いから『引揚げ港・博多を考える集い』が発足して二十九年が経ちました。

運動の発端は、元福岡海上保安部長の糸山泰夫さん（故人）が、昭和六十二年（一九八七）九月三十日付の西日本新聞「地域からの提言」欄に「『引揚げ平和記念碑』を」というタイトルで、博多港に引揚モニュメント建設の提言をされたことが始まりでした。

糸山さんは、かつて引揚船の船長をされていました。一三九万人の邦人引揚げと、五〇万人の外国人送出が行なわれた博多港の使命と史実を、平和の尊さとともに語り継ぐことの必要性を訴えておられました。

終戦直後の昭和二十年九月はじめには、海外の軍人軍属の復員と民間人の引揚げを急ぐことについての閣議決定がありました。冬になれば生命が危険にさらされることも承知していました。にもかかわらず、国内の不足と混乱により、組織的な引揚げが始まるまでに時間がかかりました。民間人の多くは国策で海外に暮らしていましたが、終戦と同時に暮らし慣れたその場を去らなければなりませんでした。

錯綜する情報のなか、無法地帯と化した大陸で、人々は日本への船の出る港を目指しました。交通は寸断され、あらゆるものが不足し、命を落とす人や置き去りにされる人もいました。

「旧満州・朝鮮半島奥地で、運命にほんろうされた一般邦人への略奪、暴行、飢えにより一家ちりぢりになるなどの人間極限の引揚げ様相や、想像を絶する酷寒のシベリアで、長期間抑留された旧軍人・軍属への虐待の悲劇など、これら敗戦苦難の試練は、引揚者にとって、その傷が深かっただけに、目をつむったまま、沈黙の歳月が過ぎ去っていきました。しかし移ろう時の流れに、その嘆き、涙も薄れさせたのかと思いきや、今日の平和ともその永続を願い『同じ過ちを繰り返させてはならない、ここで語らなければ歴史から消えてしまう』という思いが力強く芽生え始めています」。(『戦後五十年―引揚げを憶う』より、糸山泰夫さんの〈刊行に寄せて〉から抜粋)

さまざまな苦難を越えてやっと乗った船の上で祖国を目前にしながら亡くなった人々もいました。

糸山さんは、そういった引揚者の悲惨や苦難を、引揚船でたくさん目の当たりにされた方なのです。

当時、福岡市役所に勤務していた私は、福岡市の活性化を図る職員研修で博多港に「引揚平和記念像の建設」を提案しましたが顧みられませんでした。

そして、私たちは平成三年（一九九一）に出会い、「直接市民に訴え市民運動でこの願いを実現させよう」という意見で一致し、翌年五月「博多港引揚記念像の建設を求める集い」を開きました。このときの参加者は二〇名、これが「引揚げ港・博多を考える集い」の出発点になりました。

それから五年後の平成八年（一九九六）三月に、引揚げ記念のモニュメント「那の津往還」が引揚船の接岸した博多港中央埠頭に完成しました。制作者は彫刻家の豊福知徳氏です。

## 後世に伝える使命

以後、活動は学習会、チラシや機関紙、本の発行、写真展の開催、署名活動へと大きく広がっていきました。

出版活動としては平成七年（一九九五）の「戦後五十年引揚げを憶う〜アジアの平和と友好を求めて」を嚆矢として写真集二冊、そして引揚体験を中心にまとめた『あれから七十三年―十五人の引揚体験記』、『あれから七十五年―戦後引揚と援護、二十三人の体験記』に次いで今回の発行になりました。

はかりしれない犠牲を払って綴られたこれらの体験は、今を生きる私たちに残された財産です。

立場や体験や思想信条は違えど、戦争、そして引揚げ体験者の共通認識は「戦争は、あってはならない」ということなのです。

それを直接伝えることのできる体験者たちは、あとどのくらい証言してくれるでしょうか。糸山泰夫さんも平成二十一年（二〇〇九）に、近年では引揚げた病気孤児の収容施設である聖福寮で尽力された石賀信子さん、当会の発足当初からの参加者では熊谷佳子さん、山本千恵子さんが鬼籍に入られました。私たちは後世に伝えることを急がないといけません。

引揚げ資料館建設の活動も続けています。福岡平和資料館（仮称）設置の署名活動で現在二五〇〇〇名を越える署名を頂きました。各方面の皆様方のご尽力に感謝します。引き続き実現に向けてご賛同と活動の拡散をよろしくお願いします。

末筆になりましたが、私たちの多くの活動にあたって、高杉志緒さん、デビット・キャリシャーさんにはひとかたならぬお世話になりました。参加当時に大学生だった竹山葵さん、村田ももさんの参加、野間中学校放送部や二日市中学校の演劇上演には勇気づけられました。私たちの活動を本や新聞で知ってあらたに参加、寄稿いただいた方々にも感謝します。引揚体験記シリーズの挿絵はすべて世話人の松崎直子さんの奉仕によるものです。この場をお借りしてお礼申し上げます。

令和三年十一月三日

「引揚げ港・博多を考える集い」世話人代表［ほりた　ひろじ］

# あれから七十六年◎二十二人の戦後引揚体験記

［目次］

# ◎二十二人の戦後引揚体験記

◆引揚船に乗船前の整列　昭和21年1月、釜山港。［撮影：三宅一美］

◆**引揚船に乗船**　昭和21年秋、釜山港。［撮影：三宅一美］

# 凡例

一、本書は、「引揚」に関する二十二話を掲載した。

一、筆者による記述の史的裏付けを取るため、各人提供の写真のほかに、米国立公文書館の資料、のぶ工房蔵の資料を掲載した。

一、また、読者に、よりわかりやすくするために、当時の様子を知る松崎直子氏に、描き下ろしの挿画を依頼して掲載した。

一、今日の時点では民族・人権問題上、不適切な表現も含まれるが、当時の状況や時代背景、考え方を伝えることを重視して、各話の筆者が使用した呼称をできるだけ正確に記すよう努めた。

一、文中の海外地名は、日本読みと海外読みが混在しているが、日本読みは平仮名で、海外読みはその当地の発音を片仮名で表記した。

一、読者が、文中の昭和戦前における海外の地名を理解するため、各巻頭に地図や表を掲載した。既成の地図に適当なものが見当たらなかったため、それぞれの地図に記載の参考図書を参照しながら、のぶ工房が作成した。

一、本書は、初出でないものについては、分かる限り各話の文末に初出を掲載した。

◆引揚船上の朝鮮半島北部からの引揚者
昭和21年秋、釜山港。
［撮影：三宅一美］

# 二十二人の戦後引揚体験記

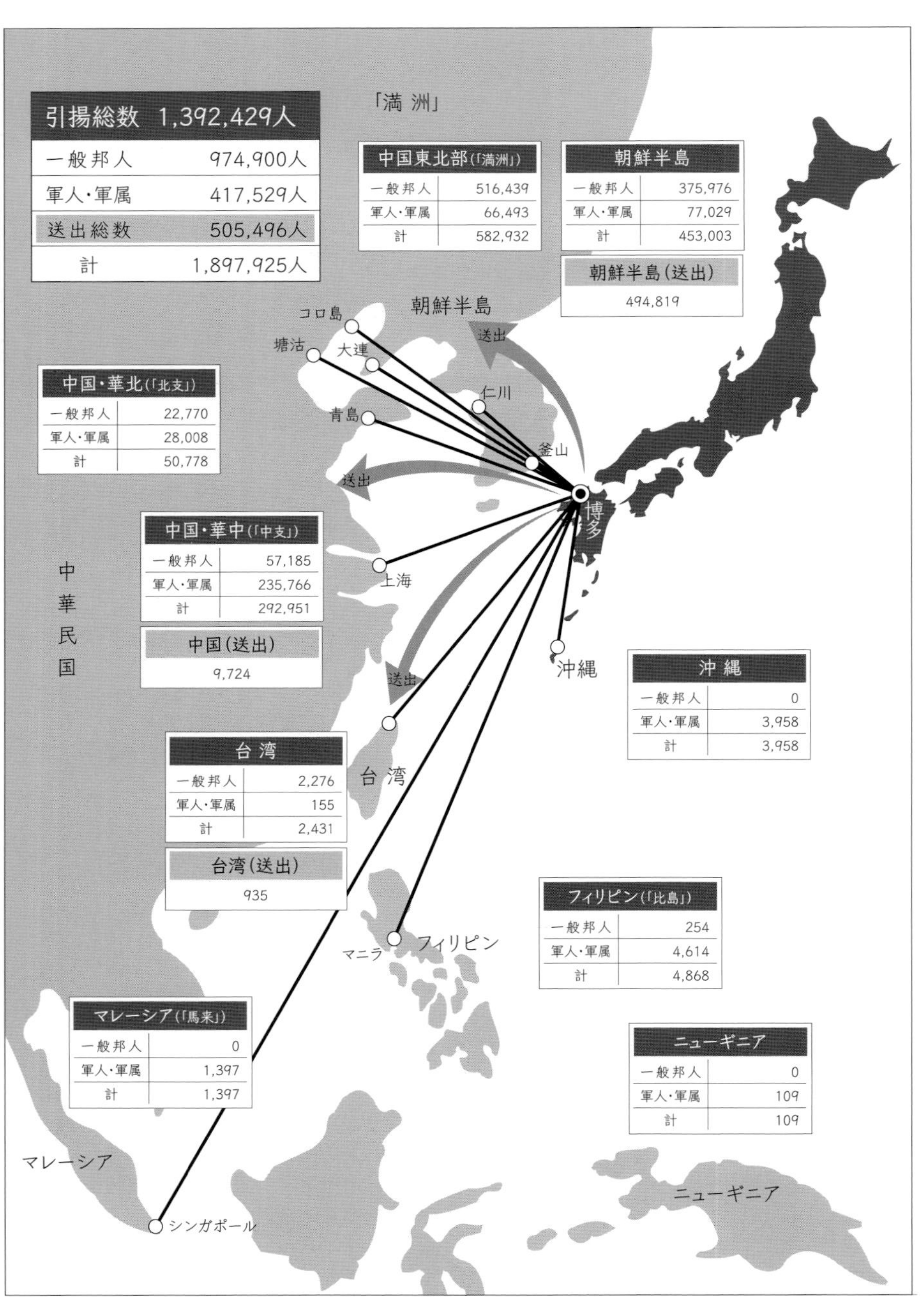


◆博多港引揚及び送出一覧図（厚生省『援護50年史』、福岡市『博多港引揚資料展』他より）

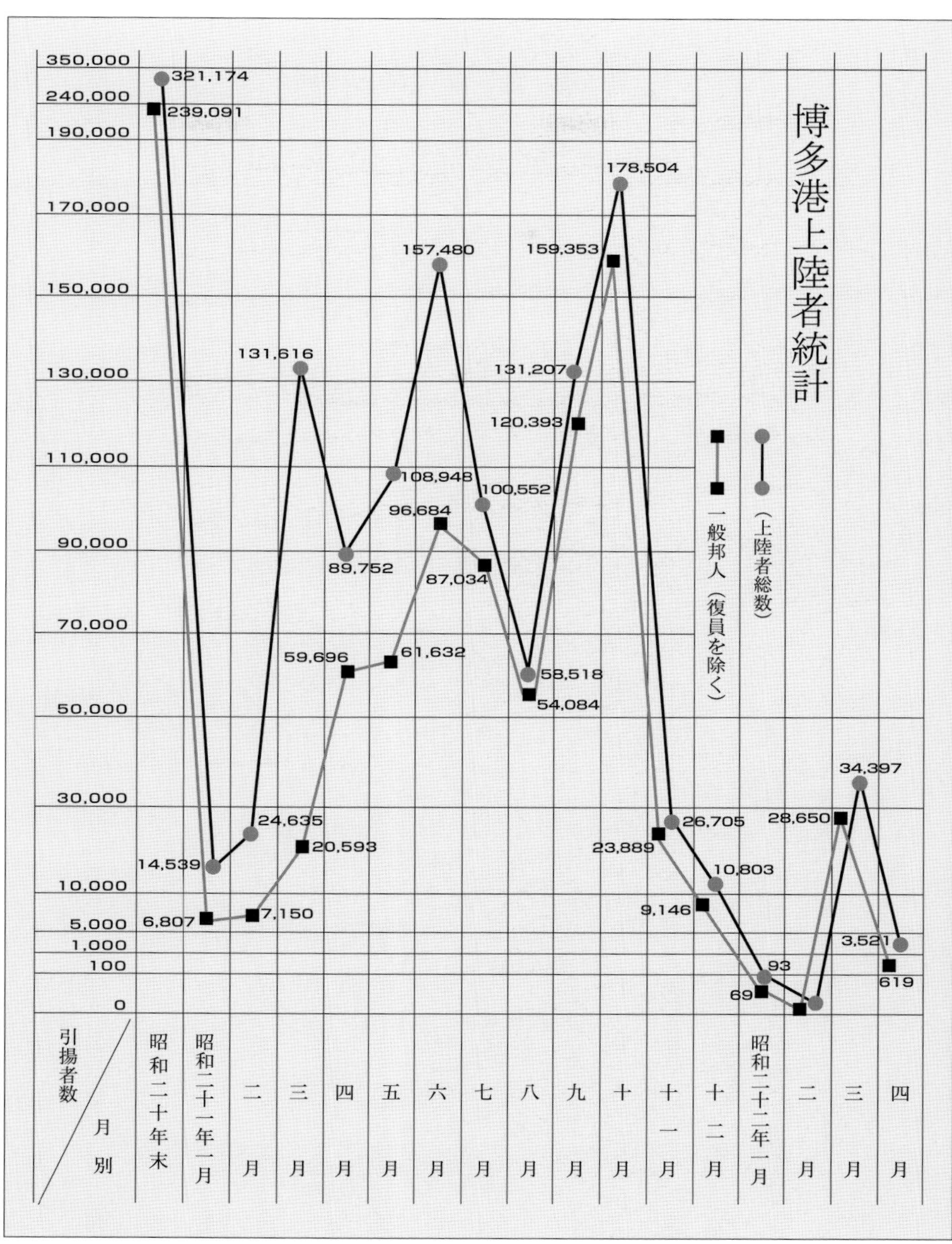


**◆博多引揚援護局「博多港上陸者統計」**博多引揚援護局の局員が作成した昭和20年末〜昭和22年４月までの博多港に上陸した邦人数の統計資料。一般邦人（軍人・軍属を除いた人々）と上陸者総数の人数が、折れ線グラフで示される。
［博多引揚援護局局史係『博多引揚援護局史』より転載］

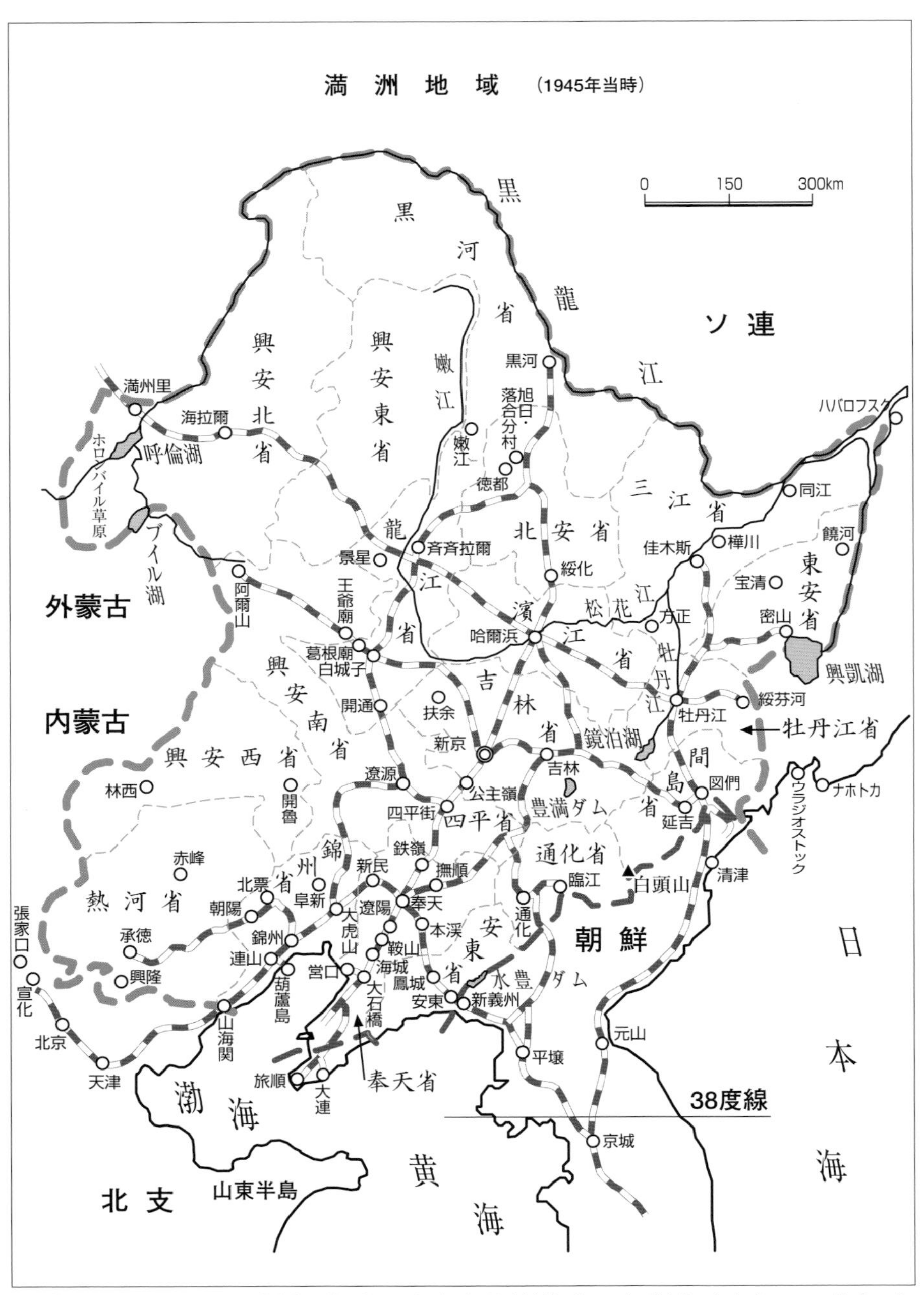


◆「満洲地域」若槻泰雄『戦後引揚げの記録』時事通信社（1995年発行）を参考にして作成した。

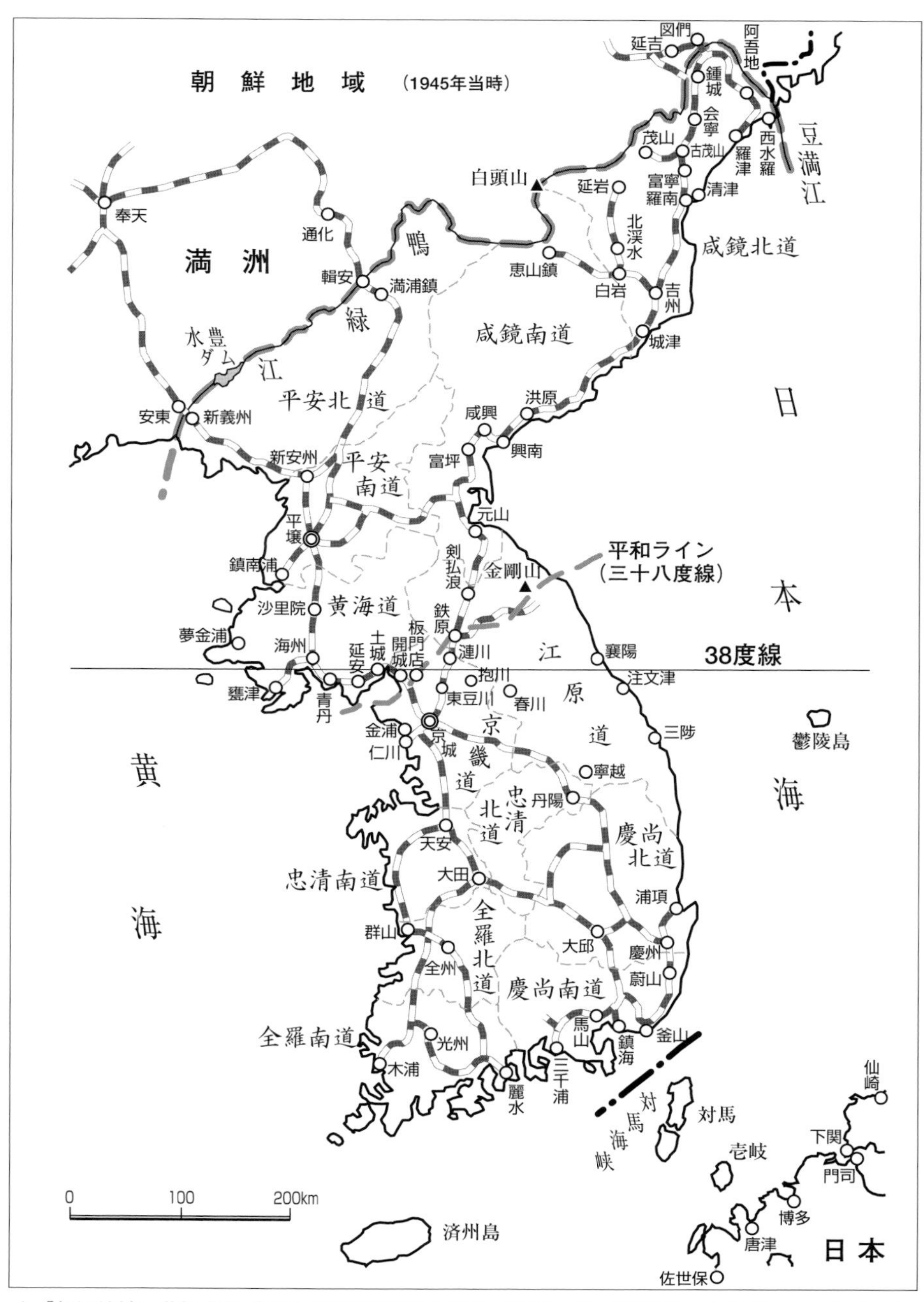


◆「朝鮮地域」若槻泰雄『戦後引揚げの記録』時事通信社（1995年発行）を参考にして作成した。

episode I

朝鮮半島咸鏡北道
せいすいら（ソスラ）

# 西水羅からの引揚

柿原英祐

## 家族全員で造り上げた記録

長白山脈に一際高く聳える白頭山（二七四四メートル）を分水嶺として南に鴨緑江、北に豆満江が雄大な姿を横たえ、それが朝鮮とソ連の自然の国境ともなっている。私達は北に向かって日本海に流れをそそぐ豆満江の河口に近い朝鮮の北端、咸鏡北道慶興郡芦西面西水羅に住んでいた。

そこは地理的には東経百三十・五度、北緯四十二・五度（北海道苫小牧と同緯度）に位置し、朝鮮で唯一のソビエト連邦と国境を接している地帯で国境の川、豆満江は冬は結氷して、監視の目を潜れば徒歩で渡ることが出来、戦時中は絶好の諜報合戦の舞台ともなっていた所である。

一応は国境の要塞地帯で陸海軍の駐屯所があり、憲兵隊、警察と、組織的には物々しさがあったが、不可侵条約を結んでいる国との国境と言うことで、表面的にはのんびりとしており私達も海軍兵舎、陸軍兵舎に遊びに行き、当時はもう貴重品となっていた金平糖を貰って食べながら、望遠鏡で隣の国を見せてもらったりしていた。そこは冬の気象環境は厳しいものであったが夏の海は釣の宝庫であり、近くの野山は高山特有の草花が咲きみだれ、また民間人の立ち入りが禁止されていた卵島を年に一回開放してのカモメの卵採り、砂丘でのボウフウ採り等は楽しく、時として零下二〇度にもなる厳冬期も凍てつく大地でのコマ回し、さらに凍結した海上でソリやスケート遊びと子供達にとってはすべてが楽園であった。

しかし、その間も戦局は悪化の一途をたどり、昭和二十年六月、四十を過ぎた父にも赤紙が来た。そして、出征の二ヵ月後、日本は敗戦した。

## 西水羅から出発、父と再会、城津の収容所

それにともない、母、姉、私と妹二人は、帰省していた次兄とともに、住み慣れた西水羅を追われ、内地に引揚げる途中だった。一方、釜山に入営していた父は、除隊後、直ちに北上し、私たちを探しまわっていた。九月はじめ、奇遇にも、貨車に乗った南下途中の私たちを見つけ城津で再会できた。

父と合流して十数日は、城津小学校の収容所で引揚列車を待ちながら生活した。父に会えた喜びはあったが、生活は実にみじめで悲惨なものだった。

ソ連兵は、定期的に収容所を訪れては日本人からなけなしのものを強奪していった。ポケットに何本も万年筆をさし、両腕に時計をはめながらもなお強要していた。このような無法極まりない行為に

**◆豆満江中流域の図們鉄道、会寧は40キロ上流**「朝鮮鍾城名所佛岩。日支の国境豆満江畔ヲ辿ル図們鉄道新田駅附近」。［昭和戦前期の絵葉書］

命を賭してまで抵抗する者もなく、言いなりになるよりほかはなかった。但しソ連士官や憲兵隊は彼らにとって恐ろしい存在で、その見回りがわれわれにとってせめてもの救いであった。

収容所内でも一応の自治組織はあったが全く機能していなかった。難民であふれ、汚れていた。ことに便所はひどく、伝染病が流行らなかったのは奇跡ともいうべきだった。しかし収容所の敷地の外も法治国家ではなかった。独りで散歩したり野外で排便したりしていた日本人が現地の不良になぶり殺しにされるのもそれほど珍しいことではなかった。

元警察、憲兵、兵隊その他公職にあった日本人は戦々恐々としていた。単に支配階級に属していただけで人間性とは無関係に犯罪者とみなされた。捕まると、運が良い人は裁きを受けるべく正式な機関に引き渡されたらしいが、民間人のリンチを受けて非業の最期をとげる人が多かった。

## 長兄との再会、一家合流

我が家が引揚列車に乗る順番がやってきた。側壁のついた無蓋貨車だった。

このまま汽車で釜山に行き船便を待って日本へ帰れるものと思っていたが、南に行くにつれて、逆に北上する日本の元兵隊や避難民の姿が見えるようになった。

すでに北緯三十八度線で朝鮮が南北に分断され、それぞれ米軍およびソ連軍の占領地区になったとの情報は流されていたが、咸興での停車の間にその噂は決定的になった。

汽車は一路南下を続けた。途中、元山で長兄孝生が待っていた。

兄は動員先の羅南に向かうトラックでソ連の銃撃を受けて負傷し、咸興の陸軍病院に入院したが、終戦でそこが閉鎖となり南下。元山で会った顔見知りからの情報で、ここで待てば家族に会えると知り、駅で私たちを探していたのだ。混乱に離散する家族が少なくないなか、朝鮮半島の三ヵ所に別れて終戦を迎えた私たち一家が揃ったのは奇跡的なことだった。

さらに南下し、鉄原（三十八度線もよりの鉄道駅）に着いた。

情報は錯綜していた。噂を総合すると「三十八度線以南は線路も外され、南北の道は完全に封鎖された。南は米軍が占領して暴虐の限りを尽くし、日本人は帰国できない、元いた所まで引き返し待機していれば朝鮮北部の港から海路日本へ直接送還する」というような話だった。多くはソ連軍から流れたデマであったのであろうが、そんなことは当時はわからない。

今から寒さに向って北に向かうよりも夜陰にまぎれて危険を冒して南下しようとする人、ここに来るまでに力尽きて亡くなった人、そして運を天に任せて北上する列車に乗る人。

私たちは北上する列車に乗ったが、列車からの離脱を決意した。三十八度線のあまり北に行っては、帰国する機会も遠のくと父が判断した。元山の二つ北の駅・文坪で発見されることもなく脱出できた。同じ列車で北上を続けた人たちのほとんどが、多くの犠牲者を出して越冬したと聞く。

文坪には日本企業の社宅があり、食事の心配もなく畳の上の布団で眠れた。衣服まで用意して歓待いただいたが、保安隊の許可が一泊しか出なかったので、すぐに出発した。

## 門岩里での生活

その後一家は、元山の四十キロメートル北の門岩里にある日本人S氏の家に滞在することになる。西水羅からの知人で朝鮮人保安隊のO氏の出身地で、その人の世話である。O氏は日本の大学を出た親日家で、門岩里滞在中も引揚工場に残されたミソ、醤油、油、ミルク、砂糖などを分けてくれた。保安隊とは、戦後ほどなくソ連が北朝鮮に組織した治安維持を任務とする組織のことで、これが後に北朝鮮の警察の礎となったものである。

父の手記によれば、O氏からは、決して自分を知っていることを誰にも言わないように、このことがわかれば自分はこのままではおれないと言われていた。

最初の数日は、果樹園を経営するS氏の洋館に滞在した。しかしすぐにそこでも保安隊が結成され、その官舎にするために家屋敷を接収され、私たちともう一家族は近くの果樹園内の羊小屋を改造してそこに移り住み、一ヵ月あまり門岩里で生活を送ることになった。

父母や兄たちは、家族が生きるための食糧を得るべく、農作業の手伝いをしたり元山に出かけて情報収集や食糧調達をしていた。農繁期で、何をやらせても器用な日本人は重宝がられていた。

生命の維持はできたが食べ物は十分とはいえず、小学生以下の子どもは暇だったこともあって、海や山へ行っての食べ物探しが遊びの大部分を占めた。

◆元山松濤園海水浴場　元山は東朝鮮湾に面し風光明美であった。［昭和戦前期の絵葉書］

着るものについては、ここ門岩里でも古着を分けてもらい、何とか寒さをしのぐだけの用意ができたのは幸運であった。元山の収容所ではすべての物資が不足していて、交換する品物も金も持たない人たちは、唐米袋に穴をあけて身につけている人もあるということで、本当に恵まれた生活を送ることができた。

元山の収容所ではマラリアが流行した。父とともにしばしば元山に出かけていた友人が感染し、一日一度必ず高熱とふるえの発作が起きていた。こうした中でも私たち一家が大きな病にかからなかったのは幸運以外の何ものでもなかった。

## 冬を越さず帰還、長い歩きの旅

昭和二十年十一月三日。私たち柿原一家が門岩里を出発する日がやってきた。

厳しい冬が近づくなか、元山からの引揚列車や引揚船は噂のみで実現しないことに大人たちはあせりを感じていた。さらに厳しくなる食糧不足と寒さ。元山の避難者の中からも座して死を待つよりもと一か八かの三十八度線突破を試みるものが数多く出るに及び、ついに我が家も徒歩での脱出行を決意するに至った。

柿原家単独の逃避行である。ひとかたならぬお世話になったO氏一家の同行の申し出も断った。柿原家だけでも八人いて目立つ。それ以上の人数で決死の脱出行を行なうのは危険だった。

この時のわれわれの出立は今から考えると乞食の一団だった。服装が粗末な上に生活道具を分担して持っていた。すでに山地では雪を見ており寒気が厳しく、治安の面でも道中の保証とてあるわけでなく、一つ間違えれば死にもつながる脱出行であることに変わりはなかった。

毎日夜明けから日没までが行動可能な時間で、多い時は約十里（四十キロメートル）の山道の強行軍を強いられることもあった。

田舎の村をぞろぞろと歩く目立つ一団であったが、結果としては、ソ連兵の目さえ避ければ良かった。一部の過激な地方を除けば、保安隊も含め大部分の朝鮮人は立場が変わった日本人に同情的で親切であり、われわれの行動に理解を示し支援さえしてくれた。道中における親切は身にしみるものがあった。私たちが今日あるのはその人たちの当時としては献身的な親切心を抜きにしては考えられないことなのである。

行く先々で保安隊の紹介で民家に泊めてもらい、なかにはいろいろと手伝いをしながら二三日逗留することもあった。私たちはO氏に道中の安全のため行く先々で保安隊を頼って行くのがいいと教えてもらっていた。

途中、子沢山の我が家と知るや、しばしば養子申し入れがあった。母は「家族全員が無事日本の土を踏むことを唯一の生き甲斐としていた。あの時どの子供が欠けたとしても自分は生きる望みを失っていただろう」と常々語っていた。

あるときは泊まる予定の村まで行けず、途中で快く宿を引き受けてくれた家で休んでいたところ、真夜中に反日感情の強い若者たちの急襲をうけ、荷物を家の外にほうり出され、寒い中を歩いて、朝になる前に予定だった家にたどりつき、暖かい部屋で朝食をご馳走になったこともあった。

## 三十八度線を歩いて越える

最後の関門は封鎖された三十八度線の突破である。日本人は、ソ連兵や国境警備の朝鮮兵に発見されれば、悪くすれば銃殺かソ連送り、最低で北部送還はまぬかれない。地理に詳しい案内人が必要だった。当時は朝鮮人の南北通行は比較的自由だった。私たちの案内人は泊まった家の息子で、京城の鉄道会社に勤めていた。たまたま帰省していて、翌日が帰る日に当たっていた。今までに何度かそのような日本人を案内して失敗したことはないとのことである。案内人から細々とした注意を受けた。

常に一定の間隔を置いて黙ってついて来ること。万一発見されても自分のことは決して言わないこと。

もはや無用となった鍋、カマ、寝具等粗末なものだったがお礼として差し上げた。お返しとして鶏一羽と野菜一山をいただき、脱出行の中で最高の休養と最大のご馳走を得て、元気百倍の思いで最後の三十八度線突破行に臨んだのである。

出発は午前零時。

母は昌子妹をおんぶして保子妹の手を引き、門岩里を出発以来高熱を発していた父はすでに意識も朦朧として、利尚兄や邦子姉に手を引かれ、杖をついて歩いていた。孝夫兄は案内人を見失わないように私たちの間に入って行き来していた。その日は特に寒さが厳しく、私たちはありったけの着物を着込んでいたが、ふるえながら歩いていた。

案内人は白い大きなマスクをして、防寒着を着た姿で先に立った。どんどん先に行ってしまい、後続隊の私たちは姿を見失うこともあったが、兄たちのおかげでかろうじてついて行った。案内人も心得たもので、時々適当な所で物陰に入り、枯れ木や枯れ草を集めてたき火をして待っていてくれた。私たちが追い付いて暖を取り休息するのを、ひとり離れて煙草を吸いながら待ち、時間が来ると火を踏み消してまた歩き出した。

夜も白み始めるころ、例の通りたき火をして待っていた案内人が、ここまで来ればもう大丈夫だと、何の前触れもなく静かに三十八度線を越えたことを告げ、最寄りの鉄道への道を教えると、何の感傷も残さず去っていった。

着いた駅の名前は記憶にない。当日の列車は終わっていて、近くの宿で一泊した。素泊まりしかできなかったが、夜中になって、こっそりとおこげご飯のおにぎりを女中さんが持ってきてくれた。

翌日最後のお金をはたいて京城に行く列車に乗った。前日買った切符は無効だったのだ。明らかに日本人に対して悪意を持った人の意地悪だった。しかしながら私たちが脱出行に際して現地の人から受けた親切の大きさに比較して取るに足らぬ些細な出来事ではあった。

## 京城、釜山、そして祖国へ

逃避行で初めて乗る客車だった。ようやく三十八度線突破の実感を味わったのはこの時ではなかったかと思う。一時間も経たず京城に着いたのは昭和二十年十二月四日午後。門岩里を出て実に一ヵ月過ぎていた。京城の町は戦争の被害もなく、米軍の進駐の影響で活況を呈していた。北でソ連が宣伝していた米兵の暴虐ぶりもなかった。収容所は法華宗の大きな寺で、寝具や食べ物の心配もなく帰国の日を待った。父も昌子妹も京城の生活で元気を取り戻すことができた。

十二月九日朝、釜山に向けて出発。夕刻に釜山に着くなり乗船した船はすぐに動き出した。

そして翌十二月十日早朝、船は博多港に着いた。一家全員無事帰還できたのである。

内地の女学校に通っていた恒子姉とも再会した。西水羅を出て千数百キロ、四ヵ月にわたる長旅は終わりを告げた。

［かきはら えいすけ］

令和二年十一月記

**◆昭和16年（1941）当時の家族写真**　後列父の横の女性は父の末妹で当時は西水浦の我家に住んでいました。兄二人（孝生、利尚）と姉（恒子）は福岡に居り、親族の家から学校に通っていました。しかし、終戦当時は写真の叔母は福岡の実家に帰って居り、兄二人は朝鮮清津の商業学校に通っていました。もし、この二つの移動が無ければ我家の運命も違ったものとなっていたのではないかと思うと感無量なるものがある唯一の写真です。前列左から妹（保子）、母（シカノ）、英祐、妹（昌子）、後列左から姉（邦子）、叔母（笑美子）、父（義一）。

episode 2

# 奉天からの引揚

旧満洲奉天省
ほうてん（ムクデン）

西原そめ子

## 往事茫々

私たち一家は旧満洲の奉天（現中国遼寧省瀋陽市）から昭和二十一年六月に博多に引揚げてきた。当時の家族は母三十二歳、私九歳、弟七歳、三歳と一歳の妹の四人きょうだい。生後一年半の妹は道中一ヵ月間ずっと私がオンブして帰国した。父は奉天の大広場に近い淀町に自宅兼事務所を構えて機械工具の中卸店を営み、家族と一緒に暮らしていたが、敗戦の年の春にソ満国境の東寧に出征、私たちより一年あまり遅れてシベリヤから帰国した。途中の船中で敗戦後の旧満洲はヒドイらしいと聞き、家族は全滅かと覚悟して帰国すると全員無事、と知った父の安堵と喜びは如何ばかりと、今も私は思う。

私は戦後に三度瀋陽を訪れている。そのうち二度目の戦後六十年目、に我が旧居を、私がオンブして連れ帰った妹の還暦記念の再訪の時にまとめた旅行記『三十一文字（みそひともじ）で綴る旧満洲紀行』（平成十七年）と、西日本新聞社の人の勧めで書いた『満洲まぼろし』（平成二十七年）から、戦後の混乱と思い出を記す。

○妹の還暦記念に産土の地を教えむと旅思い立つ
○吾にとりて瀋陽への旅　懐旧と記憶の伝達そして鎮魂
○瀋陽の北駅白亜のビルとなり周囲（めぐり）は近代都市に変貌

町外れの奉天北駅は、昔は貨物駅、ホームに屋根もない寂しい北駅から、石炭を運ぶ無蓋貨車に乗り、引揚げを開始した。今は北駅が幹線駅、風格があった奉天駅は支線駅と地位が逆転していた。

## 一、戦後の混乱と暮らし

敗戦を境に平和は一転した。敗戦の翌々日から市内のあちこちで中国人による暴動が起きて、日本の会社や社宅など日本人集住地が主に襲われ、人々は知る辺を求めてほとんど身一つで避難した。幸いに我が家の周辺は日本人、中国人、白系ロシア人も混在する地区だったから暴動はなかった。ソ連軍が駐留するとマンドリン銃を持つソ連兵を先頭に背後に大勢の中国人を従えて日本企業の工場や倉庫を襲う略奪が頻発した。ソ連軍が撤収すると民国軍（蒋介石の軍隊）と八路軍（毛沢東軍）の内戦

**◆奉天名所**　千代田通り満洲中央銀行附近。［昭和戦前期の絵葉書］

状態となり、交互に駐留してそのたびに市街戦があり、それは一年後の引揚時まで続き、怖い思いをした。ワアーッという潮騒のような喚声の中にパーンパーンという旧式のピストルの音が混じるときは暴動、パンッパンッという鉄砲の音にダダダダッという機関銃の音が混じると市街戦、慣れると子供でも聞き分けられ、道行く兵士の軍服も一夜で変わった。

○暴動の起こりし夜はいつも聞く著き喚声とピストルの音
○道隔て向かいの警務庁分館はソ連将校の宿舎となりぬ
○身をすくめ暮らす夜ごとに聞こえ来る酒盛り騒ぎとキレイナ歌声

○そのメロディロシヤ民謡と後に知るダークダックスの歌の流行りて
○鼻先に銃剣突き付けられしは此処八路軍（現中国軍）兵士の顔よみがえり来
○殺すなら殺せばいいと胸のうち兵士見返す九歳の吾
○朝日受けギラリと光る刀身の眼を射るまぶしさ白日夢のごと
○永の年忘れ果ていしあの恐怖とつじょ蘇るその場に立てば（南京北街の街角）

日常の暮らしも今振り返るとよくぞ生き抜いたナと思う。あの頃は旧満洲北部から避難して来たもっと大変な人々や、シラミが媒介する伝染病の発疹チフスで亡くなり棄てられた人を大勢見て来たから死は日常のこと、私たちは恵まれた方といつも思っていた。とうてい今のコロナの比ではない。

○ガス・水道・電気止まりし敗戦後、飲み水頼るは防火用井戸
○燃料は昨冬残りの石炭に灯は大豆油でつくる灯火（とうしみ）

ガス・水道・電気・電話のライフラインは敗戦の翌日から全て止まった。銀行・郵便局・警察・役所ｅｔｃ、市民生活を守ってくれるものは全てなくなった。幸い一番大事な水は三軒隣の前の歩道に町内会で掘った防火用ポンプ井戸がよく水が出たので遠くからも水汲みの人が来て終日行列し、我が家も私と弟が交代で毎日並んで水汲みした。外気温マイナス十度近くに下がる真冬日も。お金も手持

ちの現金だけだったから、少し治安が落ち着くと母は家財を売りに行き生活を守った。その頃は激しいインフレで米や食料は日々高騰していた。

○赤子背負（おぶ）いネンネコ姿で母は売る春日町（かすがちょう／目抜きの繁華街）に家財広げて
○生活の糧は倉庫に残りたる商品の鍵（かぎ）や蝶番（ちょうつがい）売りて
○母の留守われの仕事は弟妹の世話と暖とるストーブの守り

母が帰宅すると妹にオッパイを飲ます横で、私は売上金の計算をした。当時は旧満洲紙幣に日本円、赤や黒色の粗悪なソ連軍票と三種類のお金が流通しており、お札の仕分けも大変だった。母の素人商売は順調で、父が倉庫の商品棚に残してくれた金具類がよく売れた。当時は暴動で破壊された家が多かったから。金具が家族の命を引揚げまでつないでくれたと今も思う。

## 二、民国軍（蒋介石の軍隊）との同居生活

敗戦の年の晩秋、我が家は当時の民国軍（蒋介石軍）に接収された。二十四時間内退去を命じられたが、鍵が掛かる応接間だけ懇願して見逃してもらい、引揚げまで一小隊二十数名の兵士と一つ屋根の下に暮らした。彼らとの日常会話は筆談である。服装は厳めしいが中身は同じ人間、戦いのない時

の兵士は暇で、子供好きの彼らはまだ人見知りを知らぬ一歳の妹を可愛がり、暇さえあればテーブルの上に座らせて数人で取り囲んでは楽しんでいた。また、私たちの生活にも興味を持った。

○玄関のドア囲むごとU型に土嚢を積みてトーチカ築く

○我が家の二階は窓ごとに弾こめる機関銃をば数丁配備

○小姑娘来（ショウクウニャンライ）と言いつつ妹を抱きて飽かずあやす兵あり

○兵士問う「奥サン生活如何にしおる」と母は答えり「家財の売り食い」

○「売る家財尽きたるときは如何にす」と更に兵士ら問うを受け

○「そこにある手りゅう弾をば五個もらい親子で死ぬるからよし」と母

○その時は来年あたりと時はかる九歳の吾幼きままに

民国軍が来てから我が家の二階は窓辺に機関銃と横に捧状の弾帯が小積まれ、階下の事務所の書類棚には三十丁近い鉄砲（アメリカ製）がズラリ、引き出しには弾と手榴弾がギッシリ。潔い処のある母のこと、お金が尽きたら皆で死ぬのだろうと思っていた。イヤとかコワいでなく唯々素直に……。我が家は引揚げまでともかく自宅で暮らせたから、旧満洲北部から避難してきた人達のような飢えと寒さの塗炭の苦しみはなかったが、空地や公園には捨てられた避難民（旧満洲北部から逃れ来た開拓団の人）たちの半裸の死体はずいぶん見た。それを新京（現長春市）から疎開で奉天に来ておられた高崎達之助氏（後の日中友好協会会長）が、その惨状に心を痛め、居留民団を作って奉天住民から拠出金を募り処理されたことを、後年知った。（＊たまたま読んだ某社社史に氏が寄せられた一文から）そう、私もあの混乱の中で何度か恐怖を経験した。

この恐怖は私の頭に刻み付けられていたらしく、後年に旅行でそこを訪れた時に、白日夢やフラッシュバックを何度か経験した。幸いにして「来年は死ぬだろう」の九歳の私の覚悟は実行に至らぬまま、八十五歳の今日まで永らえたことを唯々感謝する。振り返るとその後の人生にもいろいろ有り、死を覚悟したことも一再ならずあるが、大きな決断やここ一番の時になると「私は十歳で死んでいたかも……」の思いが、その都度頭をもたげ、それが心の余裕となって乗り切れたと思う。この九歳の覚悟に今は感謝している。

## 三、鎮魂

旧奉天に今も心残りが一つある。下記の歌にも詠んだが敗戦後の混乱の中で命を落とした日本人たちの墓地にもう一度キチンと詣でたいという思いである。

○北満から避難し来るも飢え寒さ病に死せる幾万の人むくろ

○幾百の同胞の骸集められ埋められし場所は長沼（南湖）公園

○スリ鉢の形の穴に投げ込まれタテヨコ斜めに重なる骸

○その場所はもはや知れずになりたるも水辺で香焚き冥福祈る

○観音経般若心経誦しおれば目に蘇る穴の光景

○線香の煙尽きるもわが心さわぎ騒ぎて鎮まらぬなりいま

○ひと月もかけて引揚げ来し博多〜瀋陽現在（いま）はただの二時間

私が戦後最初に訪れた平成八年春、貰った小さな観光地図の中に「日本人墓地」の字を見つけた。場所を確かめると記憶にあるあの「穴」に違いない。祀られているんだ、安堵と共にお詣りしたい、と思ったが、翌日は帰国で時間がなくて再訪を期した。

二度目の時は妹の知人の案内で南湖公園の中をだいぶ探したが墓所は分からず心を残したまま帰国、三度目も旅程の都合で叶わなかった。次回は福岡の領事館にでも頼み、場所をしっかり確認してから行こう、そう思いつつまた十年が過ぎた。私も老いた。もう一人で行く自信がない。叶わぬまま終わるかもしれない。血縁が眠るわけでもない外国の墓所に、なぜそれほど心を寄せるのか自分でも分からない。

戦後の日本は第二次大戦で命を落とした多くの軍人や民間人、沖縄や広島・長崎の原爆犠牲者には手厚く報い、慰霊してきた。なぜか旧満洲だけは国の慰霊から漏れていると思われてならぬ。

二〇一二年三月　［にしはら　そめこ］

**◆父の出征の前日写す**　左から私、母、次女、父、三女、長男。［昭和20年３月］

episode 3

# 武漢からの引揚

旧中華民国湖北省
ぶかん（ウーハン）

高野　潔

## 長江の鎮魂歌

敗戦時、長江（揚子江）七〇〇キロ上流の武漢地区には約一万四千の在留邦人と約五〇万の日本軍がいた。市街地の目ぼしい建物はほとんど軍か在留邦人が使用していた。それが九月十日から十五日までに旧日本租界に集結を命ぜられた。旧日本租界は前年十二月の大空襲で焼け野原となっていた。わずか五日間で竹とアンペラで応急の屋根かけと十八棟の長屋を作って、そこに引っ越しをせざるを得なかった。

引っ越しの際に暴徒によるかなりの略奪はあったが人命に関わる事故は皆無だった。奥地から漢口に集結した邦人も多少の略奪には遭った者もいたが損害は軽微だった。集中区での生活でも中国兵の強姦未遂事件が一件あったのみだった。私もアンペラ長屋構築中に全財産を入れて知人の玄関に預け

THE MOUTH OF R. HANSHUI (THE JUNCTION OF R. YANGTSE AND R. HANSHUI) AT SIDE OF HANKOW, CHINA. NO. 2

(武漢風景)　漢口、出船入船で賑ふ漢水の口・その二・

◆**武漢を流れる長江（揚子江）**［昭和戦前期の絵葉書］

ておいた行李二つが国府軍の先遣隊と詐称する雑軍に略奪され、残ったのは手提げカバンとその中に入れていたブローニング拳銃一丁だけだった。

阿鼻叫喚、地獄絵図と言う言葉で表現される旧満洲や朝鮮北部からの引揚者、中国残留孤児、婦人に比べればまさに天国と地獄の違いと言ってよいと思う。増水期には一万トン級の外洋船も航行できる武漢までの長江も渇水期は制限吃水は一〇フィートとなる（『長江パトロール』ケンプ・トリー著）。三月頃より生き残った駆逐艦まで動員し、病弱者、妊婦などを優先し引揚げが開始された。

その頃から長江沿岸の大都市は新四軍（共産軍）に包囲され都市攻防戦に晒されようとしていた、そのトバッチリで在留邦人、入院傷病兵の犠牲者の発生による国際世論の中国非難を回避するために邪魔者は早く帰国させてしまわなければならなかった。

これを裏付ける資料の列挙は誌面の制約と、この稿を読まれる方にはさほど興味が無いと思われるので割愛する。しかしながら次に述べることだけは是非知って頂きたい。

## 大陸縦断鉄道作戦は、旧満洲、朝鮮北部の在留邦人の悲劇の出発点

昭和十七年六月五日ミッドウェイ海戦の敗戦から制海権、制空権を敵側に取られ、日本の戦争継続は不可能になったことが決定的になったにも関わらず、大本営は勝った勝ったと国民を騙し続け、死守、玉砕戦法という人権無視の作戦を続けていたのに反し、連合国側は如何にして自軍の人的損害を少な

くするかに戦略を転換していた。

日本軍の最後のアガキが大陸縦断鉄道作戦だった。朝鮮北部、旧満洲、中国北部から、南部を鉄道で結び南方軍に補給をしようという、よい言葉で言えば壮大な作戦であるが、参加させられた私たちの戦友の兵隊たちでさえ、成功を信じている者はいなかった。昭和十九年四月十七日の京漢線打通作戦開始、五月二十七日の京漢線打通作戦開始が、結果的に見て旧満洲、朝鮮北部の在留邦人の悲劇の出発点だった。

昭和十六年四月十三日に松岡外相が結んだ日ソ中立条約という紙切れを唯一のよりどころに昭和十九年十月旧満洲国東安省鶏寧にあった第二十軍司令部をこの作戦の第六方面軍の隷下に入れたほか、大量の兵力を注入した。その穴埋めに所謂、根こそぎ動員を掛けて開拓団の男子のほとんどを召集してしまった。装備のよい部隊を大陸縦断鉄道作戦に注入し、二流、三流だった明治三十八式歩兵銃と大正十四年式の軽機ではソ連の機甲部隊に抗するすべも無いことは小学生でも判断できる筈だ。

解せないのは一九六七年九月タス通信が公開し正式に承認した、ソ連の手を経て共産軍に引き渡された日本軍の兵器は小銃七十万、軽機一万一千、重機三千、大砲一千八百、迫撃砲二千五百、戦車七百、飛行機九百である。（蒋介石秘録1　悲劇の中国大陸　サンケイ新聞社）これだけの兵器がありながら、何故あの悲劇を防ぐ事ができなかったのか、歴史家の解明を待つしかない。

一方、防衛庁防衛研修所戦史室では戦史叢書で膨大なページを割いて大陸縦貫作戦を詳述しているが、ほとんどは最後方の戦闘指令所で漢口から空輸されたアイスクリームを嘗めながら、作戦指導をして

◆モダン建築が立ち並ぶ漢口中山路［昭和戦前期の絵葉書］

いた第十一軍参謀の島貫武治大佐の筆に拠るもので、悲惨だった飢餓戦線には一言も触れていない。インド経由ヒマラヤ越えの援蒋物資の物量は中国軍の体質を全く変えてしまった。中国側は日本軍の作戦の意図をすっかり読んでいた。

進路の要所には日本軍よりはるかに勝る火器弾薬を装備した師団を配置し、空室清野作戦に出た。空室……家の中には一粒の米も残さない。清野……野には一羽の鶏、豚も残さない。過去の日本軍の作戦を分析しており、制空権は完全に中国側に移ったので、補給路を分断して日本軍の餓死を待つという戦略をとった。

もともと大半の農民は小作農民で、日本の農家のように一年分の飯米を貯蔵する習慣の無いところである。その為日本軍の食料の現地調達の構想は根底から覆り、栄養失調で倒れた兵隊は無数だったと、各部隊の生き残りの書いた戦記に記されているが、少なく見ても、五万を越えると推定される。

武運のあった傷病兵、推定一万はジャンクその他で後方に下げられたが、量質共に低下した給与、医薬品、特にブドウ糖の不足は助かる患者も助けることが極めて困難になった。

## 武漢の引揚げは長江の増水期

昭和二十一年五月、長江の水位が上がると本格的な引揚げが始まった。広東と慶門の中間に仙頭という都市がある。

そこでも在留邦人の男子が根こそぎ動員され、その家族百四十名が打通した奥漢線（鉄道は一千キロの内、何百キロか部分開通）を北上して、終戦翌日漢口にたどり着き、領事館で生活保護を受けていた。それを引率して内地まで送り届けてほしいと、領事館から依頼され、私は引き受けた。現地除隊した数名が埠頭で紹介され、幾つかの班に分け、それぞれ班長を決めて船に乗り込んだ。

全部で何千何百人乗り込んだのか、船名さえも記憶に無いが傷病兵と在留邦人が半々だった。船室もタラップも全く別個で甲板も仕切られていた。中国側のお偉方が輸送監督官として乗り込んでおり、何もかもその指示に従わなければならなかった。長江は化け物みたいだ。

増水期の浸水を防ぐ水門を造っただけで出来た三十万ヘクタールの金水農場もあり研修期間に実習に行った事もあった。減水期では一キロそこそこでも増水期は川幅が数十キロになる所さえある。現在は点灯したヴイが数百メートル間隔で並び夜間でも高速で運行できるが、引揚時は昼間だけ熟練のパイロット（水先人）に頼っていた。そのため漢口―南京は三昼夜の航行だったと思う。

船室は超鮨詰めだった、最初は足も延ばせなかったが、時間がたち荷物を隅に積み上げると、どうにか横臥だけはできるようになった。毎日朝になると前夜息絶えた兵隊の遺体が甲板の片隅に積み上げられた。狭い船室に寝かした為に、患者輸送隊員は毛布と携帯天幕に包まって甲板にも寝ているため古材木のように積み上げるしかなかった。

## 大陸縦断作戦の犠牲

前述したように、共産党軍の進攻のため、輸送に耐えない者も医学的判断を無視せざるを得なかった患者たちである。何本かのリンゲルさえあれば、また現在の救急車の点滴設備さえあれば助かった戦友である。やがて同乗していた監督官の員数確認が終わると次々水葬された。水葬と言っても、キャンバスで包み重しを付けて沈め、汽笛を鳴らして三周するといった厳かなものではない。ハッキリ言えば投げ捨てられたのである。

前述した支那派遣軍の最後のあがき大陸縦断作戦の犠牲である。国を出る時はボリュームいっぱいに上げた出征兵士を送る歌と歓呼の声に送られた宇品丸の、蚕棚に詰め込まれた一ツ星の仲間の一人だったかもしれない。また長江を遡るときは私と同じ兵隊仲間だった。私は率としては一万分の一以下の私服兵隊となり、物理的には恵まれ過ぎる環境だった。上海では黄浦江の中洲にある海軍の兵舎で、一週間ほど船待ちをさせられた。先についたもの、遅れてついたものが集まり、漢口の日僑集中区がそっくり移転した形になった。食事も毎日ワカメと支那竹の粉味噌汁とぼろぼろの飯だけだった。十隻あまりの船に分乗して集合したわけだが、船旅も全て私たちと大同小異だった。前述した約五十万いた日本兵も健康な者は行軍と京漢線経由徐洲回りで帰国したが、傷病兵は長江の船便を利用した。こちらの実態は知る由もないが、長江に水葬された戦友は一千名を下らないと推察する。

## 長江に眠る英霊に

いつかは九江、安慶あたりを訪れ、長江に水葬された戦友の慰霊をしたいと思っていたが、なかなかチャンスが無かった。一九八五年四月、漢口明治小学校同窓会の武漢再訪の旅にゲスト同行を許され、四月十八日早朝、安慶の下流で持参した日本の水を長江に注ぎ、「英霊たちよ、この水が一番欲しかったろう」と語りかけ、涙がとめどなく流れた。つぎに日本の菓子とタバコを流し、般若心経と観音経をあげて、また合掌して、たった一人の慰霊祭が終わった。

その次は私が雲夢県政指導官補佐官時代に、たった一組だけ持っていた交響曲第五番をいつも二人で一緒に聴いていた宮條誠一少尉が縦貫作戦で戦死してしまったので、彼の供養としてカセットで流した。最後は「惜別の歌」「北帰行」など哀愁のメロディー四十曲をカセットで鎮魂歌として流した。同行の仲間も無言で長江の流れを見つめながら聴き入っていた。懐かしい歌には皆それぞれの思い出

◆**漢口、明朗なる日本租界江岸の景観**［昭和戦前期の絵葉書］

があるだろう、胸中に去来するものは十人十色だろう。元軍人は私ひとりだった。

南船北馬……この辺りから十万以上の犠牲になった湘桂地方は、ほとんど落差ゼロの水路で繋がっている。一部には旧満洲、北支那から陸路進撃した兵隊も居ただろうが、第十一軍の五十万の兵隊は総てこの河を遡り、そして二割以上は生きてこの河を下ることができなかった。

元第六方面軍、第十一軍の戦友として、何時かは慰霊を果たしたいと念願していたが、なかなかチャンスが無かった。明治小学校の同窓会員のご好意により、四十年来の念願を果たすことができた。長江に眠る英霊たちも懐かしい歌を聴いて喜んでくれたと思い私の心も軽くなった。

［たかの　きよし］

＊平成五年（一九九五）五月刊行
引揚げ港・博多を考える集い『戦後五〇年―引揚げを憶う』から転載

# 宣化からの引揚

旧内蒙古察哈爾省
せんか（シュワンホワ）

末光時枝

## 中国・宣化で迎えた――終戦引揚

出征していた父が中国で現地除隊、龍烟鉄鉱所（現在、中国河北省張家口市宣化区）に入社したので、母と五歳だった私は、昭和十八年博多港から釜山港をへて、そこから汽車で、当時、蒙彊と言われていた内蒙古の宣化まで行きました。

内地では、食糧も欠乏していたので、父が餡のたっぷり入った饅頭を十個も買ってくれたのに驚き、母はもんぺをはくことを強制されず自由な服装ができることが嬉しそうでした。社宅の人達が、慰問団をつくり、駐屯地へ時々慰問に行きました。私も「九段の母」を踊って喝采をあびました。

それから二年後の二十年八月十五日、玉音放送があるというので、会社の講堂に行きましたが、ラジオが、ガーガーと音をたてただけで、言葉はわかりませんでした。集まった大勢の人達は、「これ

**◆父、岡部次郎出征**　左から父、近所の子、１歳２ヵ月の私、母。［昭和14年８月１日］

までより以上に頑張るようにとのお言葉だろう」と言いながら職場へ戻り、女性や子ども、老人たちは家へ帰りました。日が落ちるころになって、父が会社のお金をシャツに一抱え包んで、大急ぎで帰って来ました。「日本は、戦争に負けたようだぞ。ソ連軍も、八路軍も攻めてくるらしい」と言いました。近所の人達が集まって来て、話し合いがされました。

## 北京への引揚列車

その夜の内に荷物をまとめると夜明けを待って、数家族一緒にトラックに乗り、城内の社宅へ避難しました。父は、もと軍人だったので、すぐに憲兵隊に招集されました。中国人捕虜解放で、暴動を防ぐための警備が必要だったからです。

臨月の母は、荷物を持ったり、トラックに揺られたので陣痛が始まりました。母と私は手をつないでいて、避難する人達や荷車が行き交い、黄塵の舞い上がる道を宣化病院へ行きました。そこには、怪我人や病人が、病院の玄関の外まであふれて寝かされていました。

「ご覧の状態で、とてもお産までは診ることはできない」と受付で断られ、しかたなく避難先の社宅に戻り、母はそこで十八日に弟を出産しました。

二十日のお昼前に、伝令が走り「一時に、北京へ引揚列車が出る」と知らせて回りました。社宅に避難して、一緒に居た二家族の人達は、大急ぎで持てるだけの物を持つと、「先に行って待っています」

といって出て行きました。出産したばかりの母と、生まれたばかりの赤ん坊、七歳の私を連れて行くだけの気持ちのゆとりは無かったのでしょう。

社宅から人が出て行くと、中国人が待ちかまえていて略奪が始まりました。この家は、まだ日本人が居るのかと、幾度も窓の外から覗かれました。私は、窓の側に立ち、硬直したまま動けませんでした。父が、銃を抱えて走って来るのが見えました。警備に出ていて、昼食に本部に戻ると、そこは誰も居なくなっていたので、驚いて戻ってきたのでした。父は、母のおなかに晒をしっかり巻くように言い、あるだけの米を軍足に詰め、新しい敷布一枚と一緒にリュックに入れました。敷布は、これから先の逃避行を考えると、生まれたばかりの弟はとても生きることが難しいと思われたため、埋葬する時の用意だったそうです。

大通りへ出ると、父はヤンチョー（人力車）を、銃で脅して止めると、弟を抱いた母とリュック、トランクを乗せ、後ろから銃を構え宣化の駅へ急ぎました。

予定の時刻をはるかに過ぎていましたが、汽車は来ていませんでした。夕方になって、やっときた無蓋貨車に乗ることができました。多くの人を乗せるため、たくさんの荷物が捨てられました。

線路は、あちこちで爆破され、修復しながら進んだので、八時間で行ける北京まで三日かかりました。匪賊や黒軍（豪農が雇っている兵隊）が、小さな馬に乗って銃を撃ちながら、列車に乗っている人達の金品を狙って来ましたので、警備の人の手で、荷物やお札が列車から投げられました。

列車は、数時間おきに川辺や、原野の中で止まりましたので、その間に走って行って排泄をし、石を積んでかまどを作り、鉄兜や鍋で煮たきをしました。父は、飼っていた鶏を一羽しめて、腰にぶらさげていましたので、それを持って、すこし離れた中国人の農家に走って行き、マントウと交換してきて食べさせてくれました。おなかの大きい若い女の人が、同じ車両に独りで乗っていましたが、動くこともできず「ひもじいよ、ひもじいよ」と泣いていましたので、父はその人に食べ物をあげていました。

私と母と弟が乗っていた車両は病院車ということで、アンペラ（高粱で編んだ敷物）が被せてあり、暑い日差しを遮っていましたが、夜になると雨が降り、アンペラを繋いであった糸が切れると、溜まっていた雨が滝のように落ちてきて悲鳴があがりました。敷いてあった布団も水びたしになり、寝ることもできず一晩すごしました。容赦なく降る雨に濡れ、寒さで体がふるえるので、布を絞って何度も体を拭きました。

次の日、雨を吸った布団はしばらく貨車の枠に掛けられていましたが捨てられました。荷物を乾かすこともできませんでした。双子の男の赤ちゃんが、這い回るとオムツから下痢便が流れ、母親は「すみません、すみません」と、まわりの人に言いながら新しい布を裂いて拭っていました。

日中は暑く、夜は雨が降り冷えました。

三日目に北京へ着き、そこで武装解除をしましたので、父が持っていた銃も、他の人の銃と共にプラットホームに置かれました。ピストルは、護身用に隠して持っていたそうですが、後に、一緒に仕事をしていた朝鮮人の男の方が、娘を連れて朝鮮まで帰らなければならないからと懇願するので渡し

◆天津日本租界地区［昭和戦前期の絵葉書］

てしまい、後で咎められました。

## 北京から天津へ

北京で受け入れ態勢ができていないということで、二、三時間かかって天津まで行きました。母は駅を出て少し歩くと道路の端に倒れてしまいました。赤ん坊を抱いた父が、どうすることもできずにいるのを見かねた近くの日本人の方が、家に連れて行って、数日養生させて下さいました。

芙蓉国民学校へ移って間もなく、弟は熱がでて皮膚がめくれ、全身真っ赤になり、呼吸が荒くなりました。生まれてすぐ汽車に揺られ、雨に濡れたせいかと心配した母も具合が悪くなり、一緒に天津病院に入院しました。

弟は熱で、医者から「今夜がヤマです」といわれた時、せめて名前だけでも長生きするようにと願った父が「千歳」という名前をつけました。

父と私は、外出許可証をもらい、病院へ見舞いの行き帰りに、芋やりんごを買って食べました。そのお金は、米軍が接収した木炭を、父が夜陰に紛れて盗み出し、天津居留民の人達に売ったお金でした。銃を持ったアメリカ兵が、高く積みあげてある俵入りの木炭の上を巡回していたそうで、月の夜、アメリカ兵の影が遠のくのを見定め、崩れないように、つっかえ棒を持っていって差し込み、俵を取り出すのは命がけだったそうです。

天津の芙蓉国民学校で、二カ月ほど暮らしましたが、食料は乏しく、便所はあふれて蛆がわき、発疹チフスが流行り、大勢の幼児や子どもが先に死んでいきました。朝、目を覚ますと、昨日まで側で遊んでいた子どもが、化粧をしてもらって眠っているのを、死の意味も知らずに不思議に眺めました。一晩の熱で、栄養失調の子どもは、命を消してしまうこともありました。

校庭に、幌をかけたトラックが入ってくると、毛布に包まれた遺骸が積み込まれ、何処かへ運び去

**◆天津十二景の万国橋**［昭和戦前期の絵葉書］

りました。泣き叫ぶ母親達と周りでなだめる大人達の様子を同級生の子と手をつないで見ていました。

弟は、奇跡的に命を取りとめることができました。退院した日、神社にお参りに行きましたが、社の中に御神体はありませんでした。

## 江ノ島丸

十月末に、第一引揚船が出ることになり、病人、赤ん坊、老人のいる家族が優先されましたので家族揃って、天津外港の塘沽港から「江ノ島丸」に乗ることができました。行く先は知らされませんでしたが、多分、玉砕したといわれる沖縄へ連れて行かれるのではないかというのが大かたの人の意見でした。両親は、赤ん坊や幼い私に、寒さに耐えられる体力の無いのを心配し、戦火の後の沖縄でも暖かいだけ生きやすいのではと考えたそうです。

途中で嵐にあって、船は大波を被って揺れました。船底から梯子を上がって、甲板のロープにつかまって、おしっこをしました。大きな樽が、甲板の端から端へゴロゴロところがるのを見て足がすくんでいると父に怒鳴られました。知っている老人が亡くなり、家族が無かったので、私たち一家が水葬に立ち会いました。その日は、三人の遺体が海の底へ沈んで行きました。

明け方、「おーい、博多やぞー。博多が見えたぞー」と梯子の上から叫ぶ父の声に、周りの人々が起きて梯子を上がりました。甲板は人で一杯になり、朝もやの中に近づく山影を食い入るように見ていました。船底で少しも動かないおばあさんは、リュックにもたれたまま息たえて亡くなられていました。ここまで帰って来たのに、張り詰めた気持ちが切れてしまったのかと、周りの人達が気の毒だと、泣いていました。

博多港へ上陸、日本の土を踏みしめて帰ることができた事に安堵しました。ボロをまとったような私たちに比べ、綺麗な色のチマチョゴリを着た朝鮮の女の人の群れに見とれ、列から離れ迷い子になりそうになり、父に頭を叩かれました。

博多駅まで歩き駅前の広場で、引揚援護局でもらったお金でうどんを食べました。そこには、浮浪児が大勢いて、針金の持ち手をつけた空き缶をさげ黙って立ち、人が残してくれる僅かのものを待っていました。父は、貰ったばかりのカンパンを袋ごと渡していました。

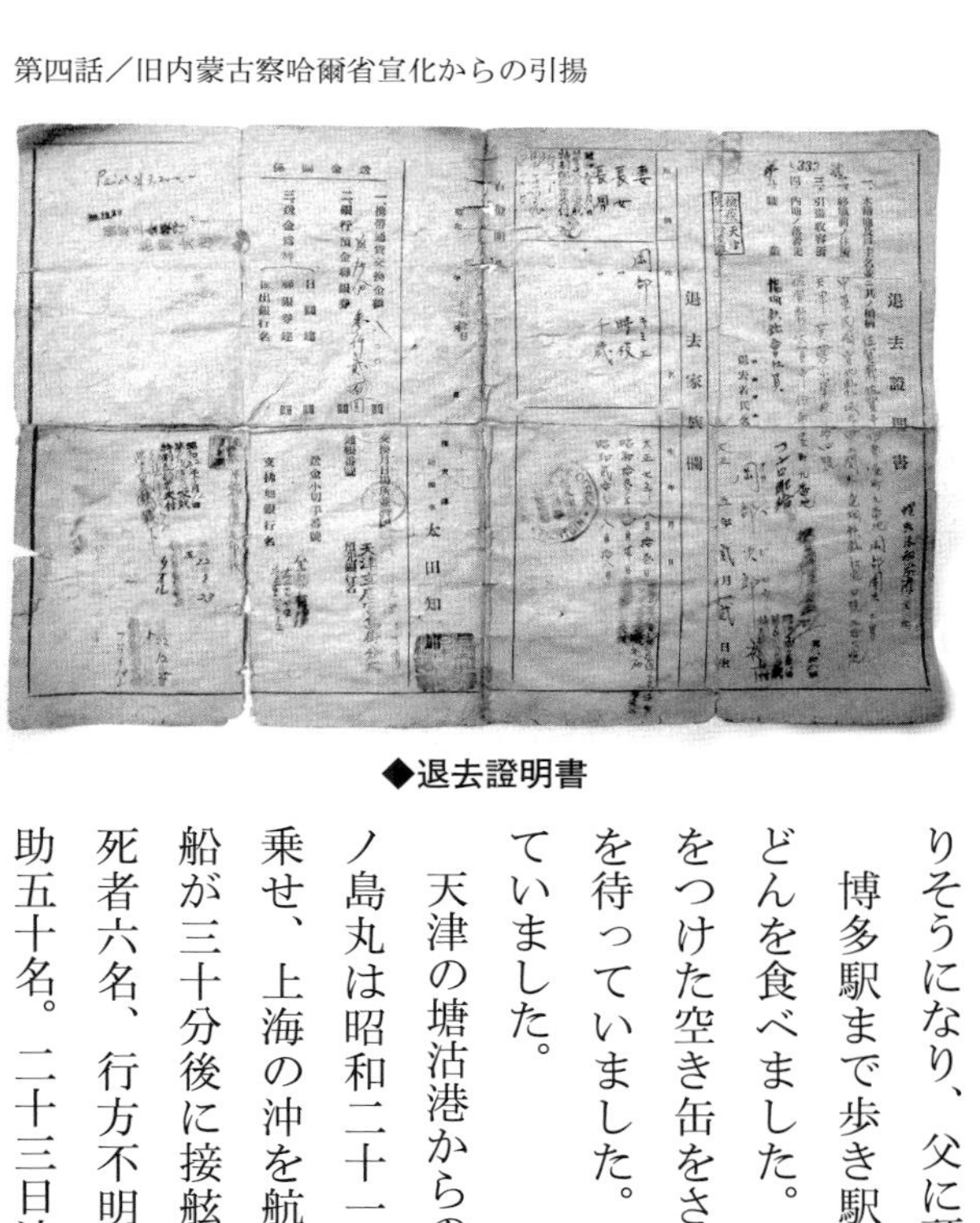

◆退去證明書

天津の塘沽港からの引揚げは、昭和二十二年まで続きました。（江ノ島丸は昭和二十一年一月二十二日、引揚者四千二百九十六名を乗せ、上海の沖を航行中、機雷に触れ爆発。近くを航行中の米国船が三十分後に接舷し救助開始、四千二百名上海に引き返す。圧死者六名、行方不明者七名、重傷六名、軽傷三十名、海中より救助五十名。二十三日沈没す）

［すえみつ　ときえ］

# 清津からの引揚

朝鮮半島咸鏡北道
せいしん（チョンジン）

## 逃げる——苦難のうちの僥倖的な引揚

小宮千枝子

悪夢のようなあのとき。私たちは忘れてはならない。私たちの子孫に再び繰り返えさせてはならない。私はいつも心の底からこう念願している。

昭和二十年八月十三日、運命の日の未明、私たちの住んでいた星町の隣保班から突然に、ほんとうに藪から棒のように「緊急避難命令」が慌ただしく伝えられた。夜来おそくまで母とともに、疎開準備のこまごまとした仕度をしていた私は寝についたばかりであった。

朝鮮北部の夏の夜は短い、その白夜の深い霧の朝の街路に私たちは集合した。寝耳に水の変事ながら隣保班の全員は、かねての訓練のとおりに非常用のリュックを背負い、不安と好奇心の入り交じった面持ちで集まり、言葉を交わすものもなかった。やがて二十分ばかりたったころ、「緊急避難命令」はデマとわかって解散になった。だが収まらないのは私の胸の鼓動である。

わが家の非常対策は決まった。開業獣医である父と学校通いの弟はしばらく残留して情況をみること。母とそして埠頭局会計課出納掛に勤務していた私と、妹二人の女ばかりは先発して、すこしでも早く南下することになったのである。母の心づくしの朝食も喉を通らない。夏ではあったが着られるだけの着物を身につけた。防空頭巾に軍手、リュックを背に救急袋と水筒は肩に、木綿袋につめられるだけのオニギリを詰めてわが家を出発した。

八月になってから重大事態の切迫は、ひしひしと本能的に感じてはいたものの、こんなに早く現実のことになろうとは。しかも私たちはこのまま懐かしいわが家、住みなれた清津の街に帰ることができなくなるなどとは夢にも考えていなかったのである。ソ連軍の爆撃はだんだんひどくなるかも知れない。だが、まさかソ連軍が上陸してくるとは想像したこともなかった。街には日本の兵隊さんが溢れているのだ。

## ソ連の軍艦

自転車にトランクをつけた父、むっつりと黙っている弟に送られて港町の海岸通に出た私たちは驚いた。街路にはものものしい武装をした兵隊さんが、三メートルおきくらいに立っているではないか。

「この道を通っていけないいっ、危ないから通ってはいけないいっ」鋭く制止されて立ちすくんだ私たちの眼に映ったものは、埠頭から一〇〇〇メートルくらい沖に煙をあげているソ連のものらしい気味の

◆**清津港**　ソ連軍が上陸用舟艇で上陸した。［昭和戦前期の絵葉書］

悪い軍艦である。私の頭のなかにキラッと閃めいたことは、前日の十二日の晩、私の入浴中のことである。その夜は敵機の来襲がなく四、五日ぶりの穏やかな夜であった。二十一時ごろであったろうか、ドカーンと大きな爆裂音がして私は夢中で浴場から飛び出した。あの轟音はこの軍艦からの艦砲射撃であったのだろうか。

私たちは清津駅についた。南行列車に乗るためである。避難する市民で、駅前の広場はごったがえしていた。父の傍らにいた弟があまりの暑さに裸になって汗を拭ぐおうとしたとたん、もの凄い爆音をたてて敵の戦闘機であろうか黒

い小型機が天馬山すれすれに襲ってきた。悲鳴と怒号のうちに敵機の目標になりやすい白いシャツだけのこの大群衆は八方に散った。私たちの家族は大和デパートの防空壕に走り込み、ものの二十分も息を殺してうずくまっていた。

急に外が騒がしくなったからと防空壕を出て行った父は血相を変えて走り戻った。

「ソ連軍が来た。上陸用舟艇でどんどんあがっているそうだ。もう埠頭にもあがっているそうだ。早く逃げないと大変だぞ」。私は心臓のあたりが急に冷えてゆくのを感じた。膝頭が、がくがくと震えてきた。どうしよう、殺されるかも知れない、死ぬのはいやだー、殺されるのはいやー。心のうちで絶叫した。

防空壕の外はすでに戦場の音が充満していた。敵のか味方のか、砲声、銃声がすぐ傍で交錯した。時々とてつもない大きな破裂音が断続する。羅南街道は逃げまどう人の波で進むことができない。母はあまりのことに貧血を起こしたのか、道路に坐り込んでしまった。「みんな危ない、私を捨てて早く逃げて……」という。「お母さんのバカ、お母さんのバカ」私は泣きながら母の手をひっぱった。父と私は母を両脇から支えて抱きかかえるように、引きずるようにして歩いた。路上は、避難者がつぎつぎに捨ててゆく荷物で歩くこともできない。

# 茂山から羅南へ

なんという部落であったのだろう。山道のような所を歩いていると、私の勤め先の上司である埠頭局長の乗用車が来た。めざとく私を見つけてくださった局長さんは、父と弟を残して、女だけ四人を乗せてくださった。持っていたオニギリを二包みに分けた。「これでもう会えないのではないか」そんな不安が頭をかすめた。だがぐずぐずしている場合ではない「古茂山で待っていますよ」と父に泣き声をあげて言い残して別れた。

まだ十七歳の私、清津の街からあまり離れたことのない私には地理は不案内、そのうえあれから二十年近い今となっては記憶も薄れて駅名はわからないが、とある小さな駅に車は着いて、そこから汽車に乗った。何時ごろであっただろうか。さすがに薄暮の長い朝鮮北部ではあるが、すっかり夜の闇に沈んでいた山峡の小さな駅なのである。その乗車駅から二つめの駅を通りすぎたころ列車は急に止まった。敵機の来襲である。車内は真っ暗である（車内といっても貨車だが）。「灯をもらすな」という低く強い声がしきりに掛かってマッチをすることもできない。空腹のためであろう、赤ん坊が泣き叫ぶ。「子供を泣かせるな、敵に見つかるぞ」とかんしゃく声をあげる人がいる。赤ん坊の母は見るも気の毒なくらいハラハラしている。赤ちゃんの泣き声が敵機にわかるわけでもあるまいに——。みんな殺気だっているのだ。

こうして列車は少し動いては止まり、進行したり逆行したり、いつもならわずか二時間ばかりの距離のところを四倍も五倍もの時間をかけて目指す茂山駅に着いたが、駅の構内は避難者の群れと携帯荷物の山である。列車を動かすこともできないし、もし列車が動いたとしても行き先のあてもないままに、今後の行動について評定が続くばかりである。

十五日だったか十六日であったか。このままではじっと非業の死を待つようなものだ。どのみち死ぬ運命ならば死中に活を得るということもある。死ぬ覚悟のできた者だけ列車で敵中の強行突破をやってみようということになった。車内だれ一人として下車する者はいない。乾明太子が一匹ずつ配られた。それが朝食である。増速のため機関車が二輛つけられ、ともかく羅南までということで列車は茂山駅を出発した。友軍機とソ連機の空中戦の下を走り、ソ連機の機銃掃射をうけて列車から飛び降り、高梁畑のなかに逃げ込んだこともあった。

◆高梁畑［昭和戦前期の絵葉書］

私たちの列車が羅南駅に進入する十分間ほど前のことである。駅建物は爆撃をうけて破壊され、構内の線路は散乱して列車の進入どころではなくなった。引き返せば敵中である。歩いて南下するほかはない。どこまで歩けばよいのであろう。下車して歩き始めた一団の中に私たちの一家もいた。羅南の街は異様な静寂が漂い、もの音もなくひっそりとして人影はおろか犬一匹見当らずまるで無生物の死の街のようであった。

私たち家族は防空壕を見つけしばらく休憩することにした。悲痛な顔をした父は呪うような口調で「こんなことになっては、これから家族がみんな無事で生きのびることはとても見込みがない。離ればなれになって死んだり、あれが死にこれが生き残ったりするような悲しいことがないように、この壕の中でみんなで一緒に死んではどうだろう」と言う。そんなバカなこと、いやです。死ぬのはいやです。母や弟妹たちはうなだれて黙っている。私だけはやっきになって父のことばに反対した。

とても死を免れ得ることはあるまい。だが逃げられるだけ、行けるところまで、ということになって、気味わるいほど静まりかえっている羅南の街を鏡城、朱乙の方向に歩き始めた。路傍のあちこちに兵隊さんが倒れている。荷車には戦死者の死体が積み重ねてある。近づいてみると死者の腕時計は動いている。なんの恐怖心も感傷も起こらない、疲れと空腹のため思考力もない。二、三日ほとんど眠っていないので頭がしびれているのであろう。

末の妹の洋子を父が背負い、その姉の美智子はしっかりと父に掴まっている。母と私と弟の貞敏はぴたりと身を寄せ合って、ひょろりひょろりと夢遊病者のように歩いてゆく。鏡城の駅も爆撃でやられている。道路の橋が破壊されているので、川の浅瀬を渡る。早く渡らねば機銃掃射のときに逃げ場がない。あせればあせるほど激しい水流に流されそうになる。白頭山から流れ出た水であろうか氷のように冷たく、着たものは胸のあたりまでずぶ濡れである。母はもう動けないようだ。たびたび立ち止まったり坐り込んだりする。ほとんど失神状態らしく、父に背中を叩かれるとふと正気づいて歩きはじめるという有様であった。なんとかして大砲や機関銃の恐ろしい音のせぬところまで早く脱出せねばならない。

## 生と死の境界線

こうして鏡城から生気嶺へ、――炭坑住宅の近くまで辿りついたとき、とつぜんソ連の飛行機の地上銃撃をうけ、水のない水路に伏せる。さっきまで私たちの前を歩いていた兵隊さんが前のめりに泳いで倒れる。家の下から飛び出してきた犬もやられる。生死の瞬間がすぎる。助かったと思うとなんだか得難い幸福を掴んだような気がする。

どこに移動するのか我が軍の戦車が通る。兵隊さんを満載したトラックが疾走する。「朱乙は今夜が危ないぞ、早く逃げなさいよ」と車上の兵士たちが声をかけてくれる。南に走り去るこの部隊は逃げるのだろうか。一般人よりも先に軍隊が、逃げるのか。ほんとうに腹立たしい。

＊左記に解説
(それは誤解だったと後日わかった。彼らはつぎの抵抗陣地につくために命令により移動していて再び羅南に終結して捕虜になった記録があると知らされた)

＊営林署報『曖帯林』編集員註：そう思われたのも無理はありませんが、これは命令によってつぎの抵抗陣地につくために移動中であったものです。このような局面になっても、命令なしに動くということはあり得ません。これらは再び羅南に集結して捕虜になりました。記録によって明らかになっています。

「これからは歩けなくなるばかりだ。家内中のうちで歩けなくなった者がいたら置いて行くぞ。でないとみんな死んでしまうからね」と泥まみれの顔で父が言い渡す。私は死にたくない。誰も死なせてはならない。さあ歩きましょう。寝不足と空腹で動かないわが足、弱い母や小さな妹たちを励ましながら、私たちはよろよろと歩き続ける。

朱乙の駅前集落に着いた。会う人ごとに「朱乙は今夜が危ないそうですよ、早く逃げてください」トラックの兵隊さんに言われたことをそのまま伝える。駅に行ってみると駅員が二人だけいた。最後の南行列車が三十分ほどあとに出発する予定だから一緒に乗って行きましょう。局用品らしい軍手と、タオルを貰う。砂糖水をご馳走になる。その美味しさ、生き返ったように感じる。

やがて石炭用の無蓋車に乗る。家族が離ればなれに乗ったので心細い。車内は荷物と人とで身動きもできない。そのうち漁大津駅についたがソ連機の襲撃がひどくて列車は動けないという。不安の一夜を駅構内で明かして、こんどは客車に乗り替えて出発する。武装兵が警乗しているので心強い。このあたりはトンネルの多いところで、トンネルに入っているうちは安心だが、トンネルを出ると銃撃される。銃弾が警乗兵の鉄帽にあたり、はね返って客車の窓ガラスを割ったこともある。

逃げ出してから五日目の、十七日に城津着、駅に勤務している女学校の同級生三人に会う。抱きついて泣き合う。持ち合せのハンカチ、ちり紙、櫛などをくれ、乞食よりひどい私の身なりを見て自分の家まで衣類をとりに駈け出す友もいる。三十分間停車ということであったが、列車は予定より早く発車になり、この優しい友情もむなしくなった。咸興への沿線いたるところの民家には初めて見る太

◆城津駅で勤務の女学校同級生三人［画：松崎直子］

極旗が掲げられている。「日の丸」を半分ほど黒く染めたように見え、なんの旗かわからなかった。朝鮮人の嘲笑、「螢の光」のレコードも聞こえる。なんのことであろうか、腹立たしさ、くやしさに涙がとめどもなく流れる。

## 咸興、平壌、釜山から対馬へ

夜十時ごろ咸興着、鉄道学校に収容される。ここで初めてわが祖国の敗戦を知らされる。呆然自失とはこのことであろうか。この収容所での一週間はすることがないからでもあるが、気抜けのようになって何をする気にもなれない。朝鮮の暴民が日本人に乱暴するという噂がたって外出もできない。少しばかり米粒の交じった大豆飯ばかりなのでみんな下痢を起こしている。日中は裸になってシラミ取りが日課である。一日も早く清津に帰って暮らす日の楽しみを語り合いながら、近所の小川で洗濯するのが女の仕事でもあり慰安である。

私はいまでもふと想い出すとたまらない懐かしさに涙ぐむことがある。あのさわやかな朝鮮北部の初秋。生きていることの嬉しさがしみしみと噛みしめられる朝鮮北部の空の色。私たちのような罹災者にも、なんとなく心楽しいような日が続いていたころのある夜、午前二時というのにけたたましい非常呼集に起こされた。

元山に上陸したソ連兵が日本人を殺したり、女性に暴行している。咸興もやがてそんなことになるからすぐに平元線経由で京城に向かって出発するという。清津に復帰する希望がだんだん遠ざかるのが、なぜだかまだ判らない。

列車を動かすといっても朝鮮人の機関手は就業拒否である。鉄道の事務系の日本人の職員で機関車運転に経験のある人たちが二台の機関車に分乗する、客車は内部から施錠、車室の周囲には土のう代わりにふとんを積みあげ息苦しい緊張が漂う。平壌に着くちょっと前、暴徒に襲撃されたが、幸いに死傷者もなく、荷物の掠奪も免れることができた。

平壌ではコンクリートの床にアンペラ敷きの倉庫のような建物の中で、不眠と飢えにさいなまれての十日間をすごした。ここで日本人は朝鮮にとどまることが許されぬとわかった。清津に帰るという甘い考えをもつなど、敗戦という冷厳な事実のもとで、なんという目先の見えぬ私たちであったろう。私たちは、日本人は砲火もて追われて去らねばならないのだ。

釜山に一週間、ここから闇船を仕立ててふるさとの対馬へ。「国敗れて山河あり」という。自然は悠久である。山のみどりも海の色も私の幼いときそのままで、人生変転に傷ついた私たちを迎え入れてくれた。こうして九年、いまは父も母も老いた。

わが領土の最先端の片隅で韓国釜山と一衣帯水のこの地対馬で、私はささやかな安定をしっかりと掴えている。私はこの平和を失ってはならないのだ。

［こみや　ちえこ］

＊昭和二十八年（一九五三）刊行　対馬営林署報『暖帯林』から転載。二十六歳当時。

episode 6

旧満洲東安省

# 興凱（はんか シンカイ）湖北部からの引揚

星野靖夫

## ソ連軍の満洲侵攻

私は旧満洲東部興凱湖の北部の、ソ満国境からわずか九キロの開拓団で生れました。昭和二十年になっても、内地と違い空襲もなく、まるで戦争に関係ない国にいるような日々でした。そんなおり幼時期の事は記憶にないことのほうが多いなか、今でもはっきりとした情景で記憶していることがあります。それは昭和二十年八月九日、ソ連軍の満洲侵攻です。この日は朝から、変な音の飛行機が飛び、大人達が、「こりゃ日本の飛行機じゃあねえばい」と言っていた矢先、開拓団本部からソ連が攻めて来たから至急小学校に避難せよ、と連絡がはいりました。このころはどこの家でも夫や息子は召集され老人と女、子供の家庭がほとんどでした（私の父も七月二十日に召集されていた）。母はこの時、とっさに神棚から「天照皇天神」のお札を取り出し、油紙に包んで風呂敷でクルクル巻いて私の背に袈裟がけに背負わせました。なおこの「お札」は博多に着き郷里に帰るまで背負っておりました。母はとりあえず片手に下げられるだけの荷物を持ち、妹（三歳）を背負い私（六歳）の手を引き開拓団集落の人達と小学校に急ぎました。

小学校に集まりましたが、その時すでに鉄道は爆破されていて徒歩での避難になりました。母は六ヵ月の身重で妹を背負い、私の手を引いてですから最初の集団に着いて行けません。ほとんど飲まず食わずで六・七日歩き続け、ようやく鉄道のある町、勃利に着きました。しかしここでも汽車には乗れず、しかたなくよせ集めの集団をつくり、ソ連軍、匪（馬）賊、暴民の襲撃から守るため道路をさけ、山の中に入り、いくつもの山を越え、また河を渡りました。

八月下旬から九月初旬でしょうか、雨で水かさを増した河には、いくつもの死体が浮いて流れ、道路の両側には、点々と死体がころがり夏の暑さで腐乱し、その死体には蛆虫がウシャウシャと蠢いていて、また銀バエが黒々とたかっています。

## 勃利、海林と歩いた先で父と二ヵ月ぶりに

そんなおり、母が私に「靖夫三人で死のう！」と言いました。私は「いや死なん、死なん」と言って泣いた事を覚えています。母はそれで気をとりなおし、やれるとこまでやってみようと思ったと言っております。飢えを凌ぐために畑のジャガイモやトウモロコシを盗んで生で齧りました。

◆梅林で夫と鉄条網ごしに再会［画：松崎直子］

九月中旬に海林という町に着き、この海林でまったくの偶然ですが武装解除を受けソ連軍の監視下で作業をしている父に、鉄条網越しに再会しました。しかしソ連軍の監視兵に追いたてられ、わずか二～三分でその場を離れました。その父はシベリアに抑留されましたが、昭和二十二年九月に無事日本に帰りました。

九月二十日頃、住みなれた家を出て約四十日、一日たりとも休むことなく歩き続け、ようやく拉古収容所に一時的に収容されました。ここで同じ開拓団の人達と再会しましたが、もうそのなかには自分の子をやむなく置去りにしたり、病気で亡くした家族もいました。避難途中で子供は泣いたり大声を発したりして匪賊等に発見され狙われやすいから捨てるか殺すかせよと言われ、それを実行した人が多数いました。

## 中国残留日本人孤児

親としては自分の手にかけるに忍びず満洲人に預ける人も現われました。それが今なお続く悲劇「中国残留日本人孤児」となっているのです。この収容所で老人と子供が栄養失調と発疹チフスで次々と亡くなりました。親に捨てられた隣部落の私と同じ年齢の子も「かあちゃん、かあちゃん」と言いながら息を引きとりました。

拉古以降は主に鉄道による移動でしたが無蓋貨車で、すし詰状態で便所もなく、水もなしです。

◆**新京駅**　大正３年（1914）に竣工。設計は市田菊次郎。［昭和戦前の絵葉書］

そして駅でもないところに急に停車させられ、それと同時にソ連兵が乗り込み手当り次第に避難民の荷物を奪い、若い女性を引きずり降ろす、その女性は必死に抵抗しますがどうにもなりません。また他の者はそれを阻止することも出来ません、阻止すればどうなるかわかっているからです。

そんなことをくり返しながら十月十六日長春に着きました。新京（長春）に着き、まもなく母は出産をしましたが本人も極度の栄養失調で、生まれ出た子はすぐに亡くなりました。

母は親子三人で生きるためにあくる日から働きました。長い寒い冬も去り春がきて七月半ばにようやく帰国の情報がはいり、再び貨車で南下、錦洲で下車、コロ島へ。

乗船待ちの収容所で今度はコレラが流行して数十人が帰国を前に亡くなりました。そして乗船。八月ですから船内も甲板も焼けつくような熱さですが帰れる喜びで、そう苦にはなりません、一日二十五個の乾パンが楽しみでした。
そして三日目の朝、夢にまで見た祖国日本が見えて来ました。「昭和二十一年八月十八日」。約一年前、開拓団の我が家を出た着のみ着のままの姿で私達親子三人は博多の地に立ちました。

## 私見です

昭和二十年八月九日のソ連軍の侵攻がなければ、あの筆舌につくしがたい引揚者の苦難とそれにともなう八万あまりの尊い人命も失うことなく、また今なお続く中国残留日本人孤児、残留婦人問題、そして日本軍人等のシベリア抑留とその犠牲者もなく、おそらく八月十五日終戦を迎え、多少の混乱や犠牲はあっても、召集解除を受けた「夫や息子」達と一緒に整々と帰国することができたであろうと、私は今もなお思うのです。

あれから五十年、最近の風潮をみるとこれらの事がだんだんと薄れてゆくように見うけられます。今まで誰にも話しませんでしたが「戦争を知らない若い世代にこの事をしっかり伝えてゆくべき役割がある」ということを痛感し筆をとりました。

今日の平和と繁栄は三〇〇万人の尊い犠牲のうえにあるということを。

［ほしの　やすお］

＊平成五年（一九九五）五月刊行　引揚げ港・博多を考える集い『戦後五〇年―引揚げを憶う』から転載。

# 海州からの引揚

朝鮮半島黄海南道
かいしゅう（ヘジュ）

櫛橋咲子

## 黄海道海州の生活から

昭和二十一年（一九四六）年三月中旬、北緯三十八度線のすぐ北西側の朝鮮北部（黄海道・海州）から親子三人、命がけで引揚げ、何とか無事に博多港へ着いた。当時父五十二歳、母四十二歳、私は七歳だった。

その後父の実家（現・久留米市田主丸町）にお世話になることに。親戚の者たちは敗戦により私共家族は亡くなったものと噂され、突然帰った事で驚き戸惑っていた。その実家である本家は父の兄は既に亡くなり甥の時代になっていたが、着の身着のままで引揚げて来た私共に親切に対応して下さり言葉では言い尽くせないほどのお世話になった。

生活するにあたり、実家の前の大きな蔵には馬が飼われていたが、その馬屋の隣に板で仕切りを作

**◆海州での家族写真**　左から母 春子、父 牛島進（西鮮電氣）、叔母静子、重富繁（海州駅勤務）。私は昭和14年11月13日生まれですから、この写真の中では母のお腹に宿っていたことになります。［昭和14年2月2日］

り三畳位の一部屋を造って貰い、馬と隣り合わせの生活が始まった。馬が時々板壁をドーンと蹴っては揺れる板壁が壊れはしないかとハラハラさせられながら六年間を過ごした。引揚げ当時、田舎でもあり父は収入に繋がる仕事が無くて両親には大変な苦労をかけたと思う。

両親が朝鮮へ渡った理由は、子供の頃、父から訊いた話によると父の叔父が当時の朝鮮北部黄海道の道長の任務だったとかで、叔父の勧めによるものだった。両親は結婚一年目にして朝鮮北部での生活になり、敗戦までの二十三年間を父は電力会社に勤めた。私が五〜六歳頃の記憶では家に電化生活が取り入れられオシャレな器具ではないが台所での煮炊きは電気コンロで、お風呂を沸かすのも父が大きな木枠に電熱線を張ったような器具を浴槽に入れてお湯を沸かしていた事を覚えている。

それから八軒の貸家があり、母が毎月銀行へ行くのに付いて行くのが楽しみの一つだった。次に洋生菓子（ヨウナマガシ）店へ行くのが私の最大の目的だった。ケーキの事を当時は洋生（略してヨウナマ）と言っていた。

そのように子供心にも豊かで穏やかな生活が続いた想い出とは余りにもかけ離れた引揚後の生活、天と地との差を感じさせられたものだ。

敗戦後の日本は食糧難の時代でもあったが、幸い田舎に住むことになり、お米・野菜等を親戚やご近所から頂きヒモジイ思いは全く経験せずに生活できた事、誠に有難く感謝の念でいっぱいである。

さて、引揚げに至るまでの記憶は七歳当時のもの、或いは少し成長して親に訊いたもので、両親が存命中に詳しく訊いていれば……と悔やまれる。

## ソ連兵

昭和二十年八月敗戦当時は朝鮮北部の海州に住んでいて、間もなくソ連兵が進駐して来た。日本人の若い女性を強引に連れて行くとの話を聞き、頭を丸刈りにして男装する女性や母達は夜になると当番制で男性が付き添って隠れ場所に潜んだ。

また或る日の夜中に数人のソ連兵が玄関の扉を強引に押し開け、銃を持って女はいないかと。その時、母は数人で近くの山に隠れて居たので幸いだったが、ソ連兵が床下に隠れていないか等下足のまま探し回り、とうとう諦めて退散したが、私は恐怖に震えながら父に抱かれていたことが思い出される。それから時間の経過とともに朝鮮人の態度が大きくなり、ある集会に日本人の男性ばかりを連行して、帰宅した父は何も言わなかったがある時父の背中を見てショックを受けた。背中は縦横に木剣で殴打されたような痕が赤紫に腫れ上がっていた。父は優しい人格者で子供の私の目から見ても敗戦前は朝鮮人の大人も子供も分け隔てなく家にも来て仲良く遊んだりした。が、朝鮮人にしてみれば長い間の日本人の統治下で悔しさや恨みも重なったのだと思う。

やがて多くのソ連兵の進駐により、日本人の男性を強制連行しシベリアへ労働力として抑留されるとの噂を聞き、大人達はいよいよ日本へ引揚げる計画を立てた。が、その頃発疹チフスが大流行して多くの人が亡くなった。とうとう母も発疹チフスに罹り動けない状態が続き心配したが運よく徐々に快復した。母の容態が治るのを待って帰国するため、団体の一つで三十人位のグループに入れて貰った。ソ連兵から捕まらないように日が暮れるのを待って静かに山を越え三十八度線の南側へ到着しなければならない。出発に当たり歩く音がしないように皆布の足袋（布を重ねて底を分厚く母が縫い）を揃え、暗い干潮の時間を見計らい海岸線を渡り道路を歩き、次は山の中に入り、私は荷物は持てないので上等の服を九枚重ね着してその上に古着で覆い（その頃、日本人の引揚げを見つけた朝鮮人等が持ち物や金品等を略奪するとの噂を聞き）最低の品々を入れたリュックを担いだ両親に両手を繋がれて半分眠りながら歩いた。団体の中には何人もの子供連れがいて赤子をおんぶしながらの行進で疲労も限界だったのか、海を渡る途中で団体から外れてしまった家族もいた。

暗くなって何時間歩いたのだろうか？　道は山へと続き深い森の中に入って行った。私はとうとう眠気と疲労で父の背中にリュックの上からおんぶされながら、暫くすると便通をもよおし我慢できなくなり、私の為に待ってもらうには申し訳なくて団体の皆様には先に進んで貰った。用を足して間もなく後を追うべく山の林の中を分け入っているとパンパーン、パンパーンと数発の鉄砲の音が聞こえたのだ。木立の間に三人で身を潜めていると林の向こうに薄明かりが見え近づくと民家が在り、救いを求める思いでそこの主人に父が引揚げの話をして、どうしても三十八度線を越えて朝鮮南部に入りたいと道案内を頼んだ。すると何と、快く引き受けてくれたのだ（神様に感謝）！

お礼として両親のリュックに詰めた少ない貴重品の中から欲しい物を差し上げた。そして先ほどの銃声の話をすると私共と一緒だった団体がソ連兵に捕まったとのこと！　間一髪のところで私共は助

◆**海州名所「志観亭」**［昭和戦前期の絵葉書］

かったのだ。私共だけ無事で申し訳ない思いがした。

## アメリカ兵

道案内人は誠実な人柄で山道に詳しく、夜明け前には山を越え三十八度線の南側に漸く辿り着く事が出来た。助かったー。南側に無事到着した事でほっとしているとアメリカ兵がやって来て「オオーカワイイネー、へ〜イ」と片言の朝鮮語で私にチョコレートをくれた。これ以来ロシア人嫌い！　アメリカ人好き！　になった。それから引揚港への道順を親切に教えてくれた。

いよいよ日本へ帰れるのだ。引揚船の待つ港へ着いた。大きな船ではなくて、日本人はぎゅう詰めに押し込まれ、出港した後は波が荒く船酔いで何度も嘔吐した。時間の経過は解らないが、長い時間船の中に居た感じがした。

しばらくすると水平線の向こうに日本の地が見え始め大人も子供も皆手を取り合って喜び合った。やがて博多港に着き、これまでの過酷な逃避行も終わり、長い時間の恐怖と緊張感が安堵と疲労感に変わった。ようやく日本へ生きて帰れた事に幸せをかみ締めながら同船の皆々はそれぞれに帰る場所へと別れを告げた。下船の際には皆順番に並ばされ頭髪から服の中へとＤＤＴの散布を受け頭はＤＤＴの粉で真っ白になった。それは「虱（しらみ）」駆除消毒のためである。誰もが頭髪の中には沢山の虱が宿り当時は敗戦後の混乱の中、生きることが精いっぱいで環境は不衛生状態だった。

それから小学校入学後も数年間は毎年学校で定期的に頭からのＤＤＴ散布を受け、効果も大きく周りから虱はいなくなり根絶されたものと思っていたが、現代でもまだ感染例があるようだ。大戦前後にヨーロッパからロシアへも虱の媒介により発疹チフスが大流行し多くの人々が命を落としたと聞いている。

以上五〜七歳頃の記憶や両親から訊いた話を紡ぎながら体験記を書きましたが、その目的は「平和を希求する」につきます。私は八十一歳になり残された時間は限られている。小さな一個人の体験記ですが、戦争を知らない若者や子供達へ「戦争」がもたらす多くの尊い人命が不条理に奪われる悲惨さや平和を守る事の大切さを伝えたかったのです。これから先、核兵器廃絶のために世界の国々の人々が叡智を結集して真の世界平和が訪れるために努力してほしいと願うばかりです。

［くしはし　さきこ］

昭和十四年（一九三九）十一月十三日生

**◆三姉弟妹と私**　左から叔母（静子）、私（咲子）、叔父（馨）、母（春子）。朝鮮北部在住時、両親の家に叔父叔母が下宿していた。お互いに引揚げての長年の後、私の夫が母叔父叔母と一緒に、時々遊びに行き楽しんだ。［唐津ロイヤルホテル／平成10年5月3日］

episode 8

# 張家口からの引揚げ

旧内蒙古察哈爾省
ちょうかこう（チャンチアコウ）

畑野憲次

## 張家口、八月十七日

内蒙古張家口は戦時中とは思えないほどのどかな毎日でしたが、終戦の日以後、急に戦争を身近に感じました。八月十七日にソ連機が近くの市街を爆撃した時には、死を覚悟して一家七人は神棚の下に集まりました。常日頃、父は『死ぬ時は家族全員一緒』と言い、危険が迫ると自然に神棚の下に家族は集まります。八月十五日もそうでした。

終戦と同時に母達には、外国兵の辱めに会わぬよう、いざと言う時には服用し自らの命を絶つように！と白い薬袋がどこからか渡され、祖母と母は『ここでは死にたくない、日本に帰りたい！』と強い思いにかられていました。父は大陸に渡り七年『今まで苦労して手にした財産をむざむざここに置いて日本に帰れない、残って鉄路社宅（一四〇軒）を守る』と言い張り、同調して残ると言う部下の方も

**◆張家口大境門** 大境門附近は古來蒙古貿易盛んなりしところ。［昭和戦前期の絵葉書］

あり、八月二十日緊急脱出時の我が家は大混乱に陥りました。

両手と背に持てるだけの荷物を持ち、後ろ髪を引かれながら父に別れを告げ駅へと急ぐ途中、不意に妹を抱き上げ足早に先へ歩き出す中国人が現われハッとしました。人さらいか？　妹は火の付いたように泣きわめきます。母が心を落ち着けよく見ると父が日頃良く面倒をみていた青年でした。父を知るこの青年は今は敵国人となったけれども、女子どもだけの主人一家を気の毒に思い救ってくれたのです。

張家口駅に着いて『父が残るのなら私達も残る』と駅長室で粘りましたが「日本人は一人も残らない、ご主人も後からきっと帰るからとにかく汽車に乗るように」と駅長さんか助役さんに促され、今はこれまでと無蓋貨車の石炭の上によじ登りましたが不安定で、いまにも転げ落ちそうです。この時、父の部下の方が「向こうに空いた列車がある」と教えて下

**◆張家口市街**　察南自治政府の成立と共に益々治況を呈す。［昭和戦前期の絵葉書］

さり、行ってみると二〜三人で満員の車掌車でした。十数人が乗り込み足の上に誰かの足が重なり思わず痛い！

　でも屋根があり降雨時には救われました。大陸性気候は夏とはいえ夜は急に気温が下がります。雨に打たれ肺炎を起こし何人かが亡くなりました。弾よけに大豆の入った大きな袋も窓際に置いてあります。

　いよいよ発車、ガタン！と列車が動くと

同時に黒い塊が二つ飛び込んできました。諦めていた父と部下の方の二人でした。響兵団の方が家々を回り「日本人は皆、張家口駅へ」と残っている人を送り出して下さったのです。北京へは普段なら七～八時間のところを四日ほど要しました。八路軍が線路爆破、列車転覆を計り邪魔をします。転覆して蒸気を吹き上げる機関車の横を徐行するのは恐ろしく、線路が復旧するまで長時間停車を何回も何回も繰り返しました。しかも時折聞こえる銃声、八路軍かそれともそれを追い払う日本軍のものなのか分らず恐くて首をすぼめていました。

## 江ノ島丸

兵隊さんが二歳の妹の小さなリュックサックの中に、乾パンをぎゅうぎゅうと詰め込んで下さったのは隣駅の宣化あたりだったでしょうか、私達はこれで飢えを凌ぐ事ができました。天津の小学校や知り合いの家を転々とし、ある日父が軍刀返納のため領事館に行くと、通り掛かった事務室で人だかり、帰国手続きをしており、尋ねると引揚第一船にはまだ余裕があるというこの幸運……。

天津塘沽港を出発した貨物船「江ノ島丸」は沢山の浮遊機雷の中、昼航行し夜は錨を下ろし潮に流される。博多港までは普通だと三日の行程が六日ほどかかり、この間故国を目前にして船内で亡くなった方は日章旗に包まれ水葬、着水の音が今でも耳に残ります。

やがて陸地が見え、日本が見えてきました。沢山の人達がデッキに鈴なりになり祖国・博多港を眺め喚声を上げています。でもこの日は上陸できず、やっと翌十月二十八日上陸、ＤＤＴの粉が頭から降りかかり、むせ返ったのが帰国第一歩、子ども心にもホッとしたことを覚えています。食べ物を頂き夜まで列車を待ちました。

乗車順は遠方からなので島根の親戚行きの私達は最後の方。夜まで待っても列車は来ない。やがて夜中に「新博多駅までしか列車は来ない」との声。闇の中、子を呼ぶ親の声を頼りに重いリュックを背負い必死に付いて歩き到着、今度は無蓋貨車でした。十月末の深夜毛布一枚身にまとい関門トンネルをくぐる時、襟元にボタリと落ちてきた水滴の冷たさや寒さに震えた事どもは今も記憶に残ります。

## 駐蒙軍響兵団

島根県の大叔母の家で一週間世話になるうちに東京の伯父と連絡が取れ、十一月初めに四畳半ひと間に親子七人が転がり込みました。長く続く貧乏生活に思わず「あんな着のみ着のままの緊急脱出さえなければ、もっとたくさん持ち帰る事ができたのに」と愚痴が口をついて出ました。

しかし昭和五十六年出版の『昭和二十年八月二十日』（稲垣武著ＰＨＰ社刊）と出会った時、身体が震えるほどの感動を覚えました。そこには終戦直後、張家口に集結した邦人四万の北京方面への脱出援護のため、迫り来るソ蒙連合軍と戦後の戦闘を行い、八〇人余の将兵を失いながらも戦意を失わず、私達を救って下さった同胞愛に満ち溢れた駐蒙軍響兵団の姿が描かれてありました。お蔭で蒙彊地区は残留孤児一人もなし。感謝を忘れ愚痴を言う我が身に恥入りました。

昨夏、全国の引揚者の方々に連絡をとり、神戸護国神社にて私達の救出のために尊い命を落とされた英霊の慰霊祭をさせて頂き、その神のご恩に感謝申し上げ心からご冥福をお祈りさせて頂きました。

昨年六月友人よりの情報により「引揚げ港・博多を考える集い」の堀田広治様とお出会いでき「佐世保、函館、舞鶴には記念館やモニュメントがあるのに一三九万人の引揚者と五〇万人の朝鮮中国への帰国者を送出した我が国最大の引揚港・博多には何一つそれを記念するものが無い、歴史を風化させまい！」と、記念碑、記念館の実現に向かい奮闘中のお話や、降りしきる雨の中思い出の岸壁をご案内下さったご親切に感動を受け、遠い日、命からがら逃げ延びて来た私達に医療、炊き出し、荷物運搬等温かくお迎え下さった博多の方達に、今まで何一つ感謝を申し上げていなかったことを併せ思い「今からでも、少しでもお力になれれば」との想いを心に強く抱きました。

博多の皆様、引揚げ時のお世話、誠に有難うございました。

［はたの　けんじ］

＊平成五年（一九九五）五月刊行　引揚げ港・博多を考える集い『戦後五〇年―引揚げを憶う』から転載

# episode 9

# 上海からの引揚

旧中華民国上海市
しゃんはい（シャンハイ）

## 今、はじめて引揚げを語る

磯貝正俊

連合国による戦後処理に関する降伏会議は、すでに七月に開催されていました。日本は、無条件降伏を条件とするポツダム宣言受諾の最終決断を先延ばしていました。天皇陛下の御聖断を仰ぎ、昭和二十年八月十五日、やっと連合国（米・英国・ソ連・中華民国等）に対しポツダム宣言を受諾し、無条件降伏しました。そして日本の敗戦が決定しました。

当時日本が占領統治していた、東南アジア、中国大陸、朝鮮半島、南樺太、北方領土等から軍人、軍属、一般邦人を含む日本人、約六六〇万人が、内地の博多、佐世保、舞鶴、函館等日本国内九ヵ所の港に、敗戦から約一年半以上にわたって引揚げて来ました。

引揚者たちは日本の戦後復興の一翼を担い、必死で頑張った大先輩たちです。決して忘れてはならない。それが今、人々の記憶から忘れ去られ、その当時を知る資料も乏しいと聞き残念でなりません。私は引揚時、小学二年生になったばかりでした。現在生存しているのは、私と妹の二人です。両親、弟も既に亡くなり、引揚時のことを記憶しているのは、私世代が最後だと思っています。

私自身、引揚時のこと、引揚後の生活実態、上海での生活模様について、妻や子供たち、孫たちにも、ほとんど話していません。何故と思われるかも知れませんが、この八月十五日を境に天国から地獄へ、屈従と屈辱の日々を過ごすことになったからです。軍隊は武装解除され捕虜に、治安は中華民国憲兵隊中心に上海の治安維持に努めていました。私たち一般市民も、会社、銀行、学校、小学校、旧制中学、女学校、専門学校等、一切閉鎖され、捕虜扱いで軟禁状態で拘束されました。

## 引揚先を長崎に決める

どの家庭も引揚船の順番を待ちながら、引揚げの準備をして待機していました。私たちも引揚地を父の親戚の広島の離島、百島にするのか、母の実家のある長崎にするのか決めかねている状況でした。母の実家は当時長崎市内の五島町で薪炭商をしており、長崎市内は新型爆弾で、ほぼ全滅だと聞かされ途方に暮れていたところ、長崎市郊外の戸町に疎開して、親、叔母たちも無事でそこにおり、近所に四軒長屋の一つを用意しているから家族で引揚げて来るようにと手紙で知らせがあり、母の実家長崎に引揚げて来た次第です、昭和二十一年四月中旬でした。昭和二十年八月十五日以降、翌年の四

◆**上海**　平和の塔より黄浦灘を望む。［昭和戦前期の絵葉書］

月中旬まで八ヵ月間、引揚船の順番待ちで、ひっそりとしたタケノコ生活を余儀なくされていました。八月十五日以前は、それまで中国人の子供たち、日本人の子供たちと一緒にビー玉遊びや、縄跳び遊びに興じて仲良く遊んでいましたが、八月十五日、この日を境に日本は戦争に負けて四等国になったのだから、戦勝国の中国が一等国だ。敗戦国の日本人は全て我々の家来だ、臣下だと言われ、反発すると集団で取り囲み袋だたきにされ、一歩外に出ると、その繰り返しで、常に周囲に気を配り日本人の子供たちだけで遊んでいました。

## 学習機会の確保への努力、両親の上海引揚げ

当時通っていた、上海中部にあった上海第四国民学校は閉鎖され、先生方も生活の糧を失い、生活は困窮しておられました。生活の糧にと授業料を父兄たちが負担し、引揚げるまで生徒たちの学力が低下しないよう、内地に引揚げても内地の子供たちに学力で劣らないように、と心配した父兄たちが奔走しました。各町内別に生徒たちを編成して各々の民家を借用し、低学年、高学年の複式授業で寺子屋教室を開き、月曜から金曜まで週五日、午前と午後に分かれて授業を受け、主に国語算数を習い、学力の低下を防いでくれました。その行いに、先生と親、父兄たちに心より感謝し、当時の親、父兄たちの心意気に敬服します。

上海での生活は父が貿易会社に勤めていて、上海の小学校、上海実業学校出の上海育ちであったせ

いで、上海での交友関係も広く、会社でも総支配人に次ぐ重役待遇でした。アマさん（中国人のお手伝いさん）を二人も会社雇いで与えられ、会社が二階建ての広い社宅を家賃無料で提供し、何不自由のない贅沢な生活でした。母は炊事、家事一切はアマさんまかせで、会社の奥様方と食事会、観劇会等で外出が多く、有閑マダム同様の優雅な生活でした。家ではステレオタイプの蓄音機にレコードをかけて、よく歌を唄っていたのを憶えています。

## 雲仙丸で博多港に

その優雅な生活から敗戦により軟禁生活を強いられ、ショックだったと思います。父は会社が閉鎖され無職となった途端、町内会の世話役を任され、町内在住者が引揚げするまでの生活のお世話から、引揚準備のお世話まで引き受け、第一次引揚船開始から第七次引揚船まで毎日、上海領事館、上海居留民団の役所（市役所のような行政組織）との打ち合わせ等で走り回り、わが家は、町内としては、ほぼ最終引揚げだったようです。その第七次引揚船、雲仙丸で博多港に引揚げて来ました。

終戦の翌年昭和二十一年四月中旬でした。上海からの引揚げ時、家屋、家財道具一切没収で、父と母、私と弟妹子供三人計五人家族の手荷物をリュックに詰めてトラックに家族五人上海の埠頭に向かったのですが、トラックに乗り込んだ途端、中国人たちが我先にとなだれ込み、家財道具一切の奪い合いを始め、まるで暴徒が押し寄せて来たような状況でした。思い出すと今でもゾッとします。

長崎に家族五人無事に帰れた事が良かったと思います。長崎で母の実家の父親、叔母たちが暖かく迎え入れた事が何よりの救いでした。引揚げてきてからの生活は食料確保のため、父と母は食料買い出しで、いつも留守で、長男として常に留守番をしていました。配給の食料だけでは家族五人の腹はいつも空腹で、特に私も弟や妹も腹をすかし、芋やまんじゅうなどの食物には目の色を変えていました。食べる事に必死の生活だったと思います。貧しいながらも、お互い隣近所、助け合い、励まし合いながら、信頼の絆で結ばれ、戦後復興へ向けて頑張った時期でなかったかと思われます。

今飽食の時代といわれ、食物、物資は、あふれ、金さえ出せば何でも手に入る時代になり、電化製品は、どこの家庭にも行き渡り、国民総中流の生活だと思い込んでいますが、実際は少子高齢化が進み、老後の生活不安を抱え、核家族化でどこを見ても高齢者ばかりで、住宅街は若者や子供たちの声もせず、ひっそりした生活が当然のようになっています。長崎市の場合も毎年二〇〇〇人の若者が高校卒業の後、進学や就職で都会へ県外へと出て行き、人口減少に歯止めがかからない状況です。地方はますます過疎化が進み寂れる一方です。

自然は開発の名のもとに破壊され、世界的に環境の悪化は急激に進みつつある現在、日本の将来を託す若者たち、子供たちの事を思うと不安で一杯です。他国を侵略しない、戦争の惨禍を二度とまねかない、平和を希求し、安全、安心な生活が営まれる状態が今後も続く事を願い、希望のある未来に向けて日本の益々の発展を祈るばかりです。

令和元年、十二月四日

［いそがい　まさとし］

episode 10

# 咸興からの引揚

朝鮮半島咸鏡南道
かんこう（ハムフン）

酒井種寿

## 引揚前――ソ連軍侵攻と待機の日々

昭和二十年八月十五日終戦のとき、私は朝鮮鉄道咸興交通従業員養成所に勤務していた。二日前の八月十三日、突如ソ連軍の清津上陸侵攻により、そこから避難してくる人を収容するために、養成所を充てることになり、着のみ着のままの、憔悴しきった約一千人の老幼婦女子を収容した。

当時の状況は、運命の三十八度線を越えるのにまだ列車を利用することができたので、避難者は三日後には列車で南下していった。そんな情勢下に軍は「咸興在住民の生命財産は軍が保証する。引揚の際には在住民を軍の先頭にする。落ち着いて平素の業務に精励されたい」と言明していたので、いずれ正式な引揚命令があるのだとの風評もあり、私たち在住民はその時を期待していたのであったが、その正式引揚はついに実現せず、脱出まで約一カ年近く悲惨な難民生活を続ける羽目になったのである。

清津からの避難者全員が南下して行った後の広い寮内は、しばらくは私の家族四人だけとなり、夜は不気味なほど静まりかえり、終戦の日の夜、寄宿舎から朝鮮人生徒たちの「マンセイ（万歳）、マンセイ」の叫び声が聞こえ、掌を返すような仕打ちが恨めしかった。

そのような混乱の中、八月二十一日には、咸興にソ連軍が大型戦車を先頭に、何十台と続いて進駐してきた。これらのソ連兵たちは日本人を見ると引っ捕らえて時計を要求し、拒むと銃を向けるので、全く無力の日本人はされるままである。また昼夜の別なく部屋に泥靴のまま上がり、目ぼしいものは彼らが当然のように略奪した。収容所周辺では夜になると銃声が聞こえた。酒、女を要求するときの威嚇発砲である。集団の前で婦人に凌辱を加え、抵抗した婦人が射殺された話も何度か聞いた。女は髪を切り、男装して身を守ったのである。

自分たち家族四人だけになった寮も夜襲を受け、厳重に戸締まりしていたのであったが、入口で戸を激しくたたきながら二発の銃声が鳴った。蹴破って入ってこられたら最後、どうなることかと恐怖で生きた心地はしなかった。恐ろしさに泣き叫ぶ子供の口を押さえ、時が過ぎ、ソ連兵はまた続けざまに三発ぶっ放して、無人と思ってか何かわけの分からないことを言いながら立ち去っていった。その間十分ぐらいだったろうか、危うく難を逃れ天祐を喜んだ。

引揚列車が出るという噂が伝わっては消え、咸興に集まる避難民は街にあふれ、養成所も他の寮も超満員となって、周囲に叺（かます：穀物などを入れるための藁蓆の袋）を吊り下げ、寒風にさらされながら凍てつく冬をお互いの体温で温め合いながら耐えた。一途に故国への引揚を念じながら、酷

◆**咸興市街全景**［昭和戦前期の絵葉書］

寒期を迎えた避難民は、栄養失調に加え発疹チフスに冒され、何の手当ても受けられないまま死亡者は増え続け、そばにいる家族も明日は自分も同じ運命をたどるであろう重病人ばかりで、その肉親の遺体をどうすることもできず、遺体と枕を並べ呻き苦しんでいる姿は、まさにこの世の地獄であった。

四度目の移動命令で、寮の一室八畳に四世帯が同居することになった。これは窮屈さよりもソ連兵の侵入防止になるため、精神的安らぎが大きかった。その十月の終わり、妻が発疹チフスにかかり高熱が続き、一切の食物をとらないのでやせ細り、もはや今日が最後かと思われたが、医師はもちろん、薬の一包もなく、ただ水で頭を冷やしてやるだけで、死を待つばかりになった。それが昏睡状態十四日目にして奇跡的に熱が下がり、食欲も出たようなので、畑の野菜くずを拾い配給のトウモロコシでおじやを作って栄養を取らせた。その妻が身動きできるようになった十二月中旬、五度目の移動命令があった。そこは四キロメートルほど離れたところで、降りしきる雪をかぶり寒風の中、妻と二児を連れやっと着いた家は、入口に戸も壁もなく、板きれを拾い集めて囲いを造り、なんとか家族は一室に落ち着くことができた。そこにも相変わらずソ連兵は夜中、泥靴のまま入っては布団の上を踏みつけ、酒、時計などを無心にきて、一時として心休まることはなかった。今まで禁じられていた売り食いでどうにかやってきたが、引揚げの望みも絶えたので朝鮮人の果樹園に働きに行った。

昼食だけは十分食べさせてくれるが、賃金はくれないので、ソ連軍物資の貨車積み降ろし人夫となった。ここでは賃金のかわりに大豆カスの現物支給であった。これは牛馬の飼料、田畑の肥料であるが、当時の我々にとっては貴重な食糧で、支給される量はその日によって異なっていたが、それで露命をつなぐことができた。引揚げの日を楽しみに、わずかばかりの紙幣を子供の着物の襟や草履の緒に縫り込み、大豆を煎り、炒り米を詰めて時期を待つうち、情勢は幾分好転して、集団脱出についてソ連軍は黙認する形に変わりつつあった。

## 引揚げ――咸興出発

昭和二十一年五月十四日、その日もソ連軍物資の積み降ろしに出かけようとする午前八時、日本人世話会から二時間以内に咸興駅に集合するよう通知を受けた。待ちに待った引揚げである。心は弾み、二、三食分のにぎり飯をリュックサックに詰め、子供の手を引いて駅に急いだ。既に駅前広場はボロ服に首から鍋を吊るした者、洗面器を抱えた者など、異様な雰囲気の中にも安堵に満ちた顔の人々であふれていた。

一貨車に百人くらいずつの乗車が終わり、悲惨を極めた思い出の咸興を出発した。昭和二十一年五月十四日の午後六時ごろであった。やっと動きだした列車も、途中の駅での停車時間が長く、焦りは増すばかり。とうとう三防という山の中の駅で、牽引機関車を切り離し、全員貨車から降ろされてしまった。そこで保安隊員の嫌がらせの所持品検査を受け、これから歩いて行けという。病みあがりで一人歩きがやっとの妻は五歳の長女の手を引き、私はリュックサックの上に二歳の長男をしばりつけて背負い、三十八度線を目指して歩き始めた。

二時間ぐらい歩いたところで保安隊員に呼び止められ、ここでも厳しい取り調べが半日続いた。哀訴嘆願すでに夕暮れどきで、疲れと空腹で気力を失い、道ばたにコウモリ傘を突きさし、家族抱き合い夜露をしのいでいると、またまた所持品検査といって、五人の不良者がリュックサックを開けろという。これだけはと最後まで持ち続けてきた長女の晴れ着二枚も、暗闇のなかで掠め取られ、残った空のリュックサックを眺め、何の抵抗もできない自分の無力を悲しんだ。

人里を避け川原にかまどを造り、木の芽や野菜くずを拾って洗面器に塩汁を作り、辛うじて空腹を紛わせながら、一歩一歩、故国に近づく楽しみで先を急いだ。それまで文句も言わずに歩き続けていた四歳の長女も、三日目になると足に血がにじみ痛いといって地べたに座りこんで泣くのである。心を鬼にして引っ立てて、ちぎれるほど手を引っ張って歩き続けた。

行く手に何度か、息絶えた幼児をおんぶして歩き続ける婦人、精根尽き果て道端に倒れている老人など見かけたが、何の手助けもできず、やがては自分たちもこのような運命をたどるのではと、通り過ぎたことを思い出す。道に迷い、朝出発した地点に夕方戻り一日の無駄を悔いた日もあった。山の中の三叉路で、前にそこを通過したらしい引揚者が木の枝を折り曲げ、正しい方向を表示してあったり、「日本人はこの方向へ」と路面に矢印を書き、無言の方向指示をしてあるのを見て、追われゆく身でほかを顧みる同胞の温かい心情に涙した。

こうして歩き続けること七日目、三十八度線が近いらしいとの情報を得た。その国境線はソ連軍の警戒監視が厳しいということは聞いていたが、どの地点かはさっぱり分からない。だがなんとなく静まりかえった周囲の状況から、国境に近づいていることは確かだと思った。話し声にも細心の注意を払い、辺りを警戒しながら急ぐ。はるか向こうにソ連兵の監視所らしい建物が見えたときは、さすがに緊張した。ここまでたどりつきながら監視兵に見つかれば、狙撃をうけ銃殺は免れまい。天祐を祈り、監視所を遠く迂回してそれらしい峠に向かい、子供を引きずりながら必死に駆け登り、反対斜面を無我夢中で駆け降りた。発見されることもなく、ついに三十八度線を突破することができたのである。

もう感激で涙が止まらなかった。付近に炭小屋を見つけ、木の葉を敷き、もう何の心配もなく足を伸ばしてぐっすりと一夜を過ごすことができた。夜が明けるのを待って、近くの民家で心のこもった朝食をいただいた親切は、身にしみて嬉しかった。

野宿を重ね、険しい山坂、やぶ道を血のにじむ足を引きずりながら歩き続けた八日間、幾度となく繰り返された保安隊員と称する者の取り調べ、所持品検査になけなしの金は賄賂金に消え、不良者の出没におびえながら、咸興をたって二十八日目、ようやく釜山港から関釜連絡船の徳寿丸で、生きて故国の土を踏むことができた。そこには「在外父兄救出学生同盟」(*2)という腕章をつけた、若い頼もしい学生が、きびきびした動作で私どもの手をとり、湯茶の接待、慰安演芸会など、真心から迎えてくださったことに感謝し、忘れ得ない思い出となっている。

## 引揚後——郷里の役場に就職

引揚げた郷里の実家は農家で、両親も健在であったので、我々家族四人が加わっても食住に不自由もなく、ほかを顧みて日々感謝の生活であった。そうして生業を探すうち、郷里の役場に職を得、占領軍の指令による農地改革、主食（コメ、麦、甘藷）育成収穫改革や戦後の生活困窮者の生活扶助、医療扶助などに奔走した。悠久なる宇宙の中にあって、人間の一生を考えるとき、それは一瞬の出来事のように思うが、すべての人類がこの短い人生を幸せに生きていくために「未来永劫、戦争のない平和な世界」を願うばかりである。

［さかい　たねじゅ］

＊1　本稿は、昭和五十六年、図書刊行会発行の「生きて祖国へ」シリーズ全六巻中の第五巻「死の三十八度線」朝鮮編に掲載原稿を、著者の長男・酒井勝弘（昭和十九年生）が編集。

＊2「在外父兄救出学生同盟」の活動については、『あれから七十五年』第十八話に掲載されているので、合わせて御覧頂きたい。

episode II

旧満洲牡丹江省
すいよう（スイヤン）

# 綏陽からの引揚げ

猿渡房子

## ソ連軍

昭和二十年八月八日の夜、自動車が通っているような、何となく騒がしい音に、子ども心にも気が付いていたように記憶しています。この夜はちょうど来客中で、皆それほど気にも留めていなかったそうです。それに翌九日は、妹晴美の五歳の誕生日で、祝いのえんどう豆の皮をむきながらの楽しい一刻でもあったのです。

父の勤めで新京、瓦房店、ハルピン、呼蘭、五常、牡丹江と移り住み、そしてここ綏陽は綏芬河の近くで、小学校、花畑が一望できる小高い丘の上、のどかな町でした。その丘の下の道を、ソ連軍がトラックで南下していたのです。多分九日早朝、連絡が入ったのでしょう。父は「皇天を死守するから、皆と逃げるように」と言い残し役所に行ったそうです。

ピースごはんも、にわとりも全て、また戻って来るものと思いそのままにして、トラックに乗り込みました。小二の兄、私小一、妹五歳、弟三歳、妹一歳の五人の子ども、母はどんなにか心細かったかと思います。昼夜、飛行機が飛びから中、山道を西へ西へと逃げました。途中、山中でどぶ水を飲み、トラックの下で眠ったり、また蚊に悩まされました。

その間、おにぎりを一人一個ずつ支給され、後の事も考え、一個を家族で分け、大事に残していました。ところがぎゅうぎゅう詰のトラックの中で、どさくさにまぎれて、残りのおにぎりを全部取られ、その時の悔しかったこと、母の口から何度となく聞きました。

## 機銃掃射、爆撃

市街地に入りトラックが動かなくなり、無蓋車に乗り移ったり、また屋根はあっても、入口が閉まらない貨車で逃げました。この間もやはり空からの攻撃は物凄いもので、弾が当り、亡くなった人を走る貨車の中からほうり投げるのです。

また鉄橋の手前で貨車が動かなくなり、亡くなった人を埋め、棒を建てている人もいました。この辺りの情景が、はっきり浮かぶのは、よほど、頭にこびりついているのだと思います。どしゃ降りの雨の中、赤土で泥まみれになりながら、長い列をつくり、長時間歩いたような気がします。途中三歳の弟が、どうしても歩けないと駄々をこねたりで、もう少し続けば、置いていかれるところでした。

◆焼夷弾による命の恩人の死［画：松崎直子］

やっと山の中の中学校にたどり着き、そこでばったりと父に出会ったそうです。父は、その山の中に天皇陛下の写真を埋めたそうです。きっとこれ以上は守れないと思ったのでしょう。これが知れると大変な事になると母は思ったそうです。

牡丹江の街中に入った途端、ものすごい爆撃に遭い、右に行っても火、左に行っても火、まさに火の中をかいくぐり、とある旅館に着きました。今度は旅館に焼夷弾が落ち、母と頭合わせで布団を被っていた男性が亡くなりました。この人は、「あなたには子供がいるから」と、もう一枚被せてくれたそうです。まさに命の恩人です。

煙の中を防空ごうの人の中で、妹とはぐれてしまい、あちこちの防空ごうの中を探して歩いているうちに、向こうから歩いてくる妹を見つけました。それから広松さん宅でお世話になりハルピンに向かいました。十三日か十四日だったそうです。黒山街の三島さん宅でお世話になり、八月十五日「日本へ帰ろう」とハルピンの駅に行きました。ホームには大勢の人がいて、お昼に「天皇陛下の大切な話がある」と伝わって来ました。十二時にラジオ放送があり、父が涙を流しているのを見ました。一瞬、何が起ったのか解らなかったそうです。私は、大変な事なんだと思ったことを覚えています。

## 一週間

この一週間の出来事が、私にとっては、一年間位に思えてならず、冷静に振り返る事ができるようになったのは、ほんの数年前のことでした。汽車が出ないとの事で三島さん宅に戻り、しばらくお世話になりました。

ここでは数家族おり、ソ連の兵隊が靴のまま上がり込み、日本人をぐるりと座らせ、剣を突き付け、靴で蹴飛ばすのです。この時は本当に恐かったです。食べ物もなく栄養失調になってゆきました。しばらくして、文部街の武井さん宅の軒下を借り、豆腐と油を仕入れて厚揚を作って売りました。子どもが多いので何かをしなくてはとの父の考えでした。

子ども達も元気になり、ロシア人、満洲人が列をなして買いに来てくれたそうです。ロシア人の家族には、牛乳、黒パン、チーズ等いただき、良くしてくれました。満洲人からは、皆連れて帰るのは大変だからと、一人ほしいと強く言われました。

その後、家族七人で八月末ころにハルピンを発ちました。満洲人家族が送ってくれたのを覚えています。新京→奉天→コロ島への道程ですがこの間の記憶は、全くありません。

引揚船は米軍上陸艇リバティー号で、昭和二十一年十月に博多港に七人揃って帰って来ました。いろいろ聞きたかった父は、昭和三十四年に急死し、八十四歳の母は病院生活で病とたたかっています。兄弟も六人になり、それぞれの道を進み、誰かが母を見舞う毎日が、もう半年も続いています。記念碑が出来たら、母と一緒に見に行きたいと願っています。（昭和十三年七月十六日生）

＊平成五年（一九九五）五月刊行　引揚げ港・博多を考える集い『戦後五〇年―引揚げを憶う』から転載

**◆ハルピン**「行きかふ人も忙しき繁華なる十字路」。満洲にはロシア革命に反対してソビエト政権（赤系）から亡命した白系ロシア人が多く住んでいた。[昭和戦前期の絵葉書]

episode 12

旧ソビエト社会主義共和国連邦

# ナホトカ★からの引揚

松崎禅戒

## ダモイ（帰国）

カーキ色や白いテントが無数に設営され、夥ただしい人の群れがうごめいている。七月に入りやっと抜け出した冬が嘘みたいに思われる。私もそのテントの一つに、身を横たえた。様々のおもいが次々にあふれ喜びと不安の入り乱れるのは私だけではなかった。ここはシベリアの東の果て、ナホトカ港である。日本へのダモイのために集結した兵たちで安堵の気持が顔に出てかくし切れないほほえみがあった。

しかし、いくばくかの人たちが民主化の不徹底だとか、不法所持品の発覚等で、またラーゲリ（収容所）に送りかえされることがある。混じりあった不安というのは、ここまで来てまさか自分が、という恐れがあるためである。

五日ほどのテント暮らしが続いた頃、最後の検査のため私たちは管理部のテントに長い列を作った。私は雑のうの中のものをすべて処分した。「書いたものは皆捨てろ。記録した日記などは持って帰れんぞ」等と前もってダモイに関する注意があったからだ。検査場にはソ連の将校や、日本側の世話役のようなのがいて所持品を調べる。何も拒否されるものはなかったのですぐに検査場を出ることができた。

## 遠洲丸

ゆっくり今夜はシベリア最後の夜を過ごす。感無量である。なかなか眠れなかった。翌朝、千二百名ほどの兵がソ連の将校に最後の挨拶をうけて埠頭に向かった。

横付けされていたのは遠洲丸という船であったが「御苦労さま」と挨拶をしてくれた日本人の船員が下駄をはいているのにびっくりした。日本も随分困ってるんだろうなあ、と行く末のことが心配になったが、乗船が始まるともうそんなことは忘れてしまって、「いよいよ日本へ帰れるぞ!」「やったあ!」と、口々に歓喜の声が渦まく。私は階段を下りて胴の間にすし詰めの状態でおし込まれた。

間もなく乗船が完了すると気笛が長く尾をひいて船が静かに動き出す。じっとしていられないような感動が突き上げてくる。うとうとと眠った。「ダワイ。ダワイ（寄こせ）」といわれることもない。昼めしにおにぎりとタクアンがでた。「日本の米だ」みんな懐かしい味を楽しんでいる。上甲板に出ると、日本海に墨を流したようなリマン海流（寒流）を南下している。私もその海の色を長い間眺めた。夜がきて船は大きくゆれながら進んだが船酔いは感じない。南下が続くにつれて対馬海流（暖流）に入り気温が上がり、天井の低い胴の間は、蒸し風呂のようになり重ね着をしていた衣類を一枚一枚ぬいで上半身裸になっていつしか寝てしまった。夜があけて、また日本海の黒い潮を眺め続けた。

## 涙でかすんだ日本の緑、檜の風呂

「おーい陸がみえるぞー」と声がする。よーく見ると「霞のようにうっすらと陸がみえる。甲板はすし詰の状態である。日本だ。「どこの港に着くの?」乗船の時に聞いたら舞鶴だということだった。しばらく陸地と平行に走った。見える、みえる。わあーっ、箱庭そっくりだ。緑のしたたるような色。小さな家、畑もある、田もある。大陸のだだっ広い風景を三年も見馴れてきた眼には箱庭としか思えなかった。

気笛が鳴りひびく、上陸用意である。装具をまとめてタラップを下りる。小さなはしけに乗り移って岸壁に一人一人降りていく。胸がはずむ。白衣を着た復員係の方々や白い婦人会のエプロンを着た人たちが「御苦労さまでした、お疲れでした」と口々にねぎらって下さる。私たちはそのまま引揚港の検疫所に直行、DDTだったのだろう白い粉をふりかけられて、それでも嬉しかった。

大きな広間に入って香りのプンプンする青い畳に子どものように腹ばいになった。畳だ、たたみだ。

**◆舞鶴引揚記念館の最寄り駅であるＪＲ東舞鶴駅改札口前の展示物**［撮影：村田もも］

目をつむって畳の匂いを楽しむ。しばらく落ちつくと、引揚げの課長さんのような人がきて「ホントにお疲れさまでした。ここで一日ゆっくりお休みいただいて明日は皆様方の故郷に帰られる。旅費と見舞金を差しあげますので、夫々に御帰郷下さい」と温かい笑顔で手短かに話して下さった。

そして「先ずは長い抑留のアカを落していただくために大きな風呂を用意していますので是非心ゆくまでどうぞ」と、これがまたなつかしい。

早速風呂場に入った。大きなフロで百人くらいは入れた。しかも桧の風呂だ。水も透きとおるように美しい。そして深い。また子どものように潜ったり、泳ぐようにして、あっちこち歩きまわる。

◆亡くなった戦友の想い［画：松崎直子］

**◆昭和24年の献立**　舞鶴引揚記念館のカフェで再現された「コンビーフのすき焼き」
［撮影：村田もも］

一瞬、「いっぺんでいい、肩までお風呂につかって、白めしと漬け物を食べて死にたい」といってピロビジャンの病院で死んだ兵のことを思い出して真顔になって手をあわせた。

## 記念館

夜は銀めしに魚と野菜の煮付けや刺し身が出た。思わず涙が出てノドを詰めそうになった。「うまい。ホントにうまい。やはり祖国の食べものだ」あれほどこだわった黒パンへの思いもかき消されてしまった。それにしても多くの兵がこの喜びを味わえずに異郷に骨を埋めた。一口でも食べさせてやりたかった。

舞鶴の夜はぐっすり眠れた。翌朝一人ひとり、旅費と見舞金が手わたされた。八百円くらいいただいたと思う。「こんなに！」と思ったが、駅に行って切符を買って弁当を買うと、ほとんど残らなかった。

◆舞鶴引揚記念館

二年有余のシベリアから、日本の土をふんだ最初の引揚港舞鶴の緑は美しかった。胸の中まで真っ青になるほどみずみずしい緑であった。今、ここには引揚港を忘れないための記念館が建設されている。

◆舞鶴港引揚の日は10月7日

◇

乗り続いで筑前新宮の駅を降りて歩いていく村の田んぼは、ちょうど七月の田植えの盛りであった。家に帰ると待ちわびた父が小さく見え、母も小躍りして喜んだ。祖母は喜びのあまり、失禁してしまった。遠い五十年も前の話だが昨日のことのように焼きついて、その思いは消えることはない。

［まつざき　ぜんかい］

＊平成五年（一九九五）五月刊行　引揚げ港・博多を考える集い『戦後五〇年―引揚げを憶う』から転載

◆**舞鶴引揚記念館入口の趣意書**［見開きの写真撮影全て：村田もも］

episode 13

旧満洲奉天省
ほうてん（ムクデン）

# 奉天からの引揚

大塚文代

## 私の引揚記

あれは終戦も間近の八月十一日早朝、突然疎開命令があった。ただならぬものを感じながら、私は幼い三人の児とともに防空頭巾と非常袋だけという出で立ちで、皆と一緒に奉天駅へと急いだ。何処へ行くのかと不安でいっぱいの私達を乗せた汽車は午前八時には動き出していた。ソ連軍が進駐してくるので、そのための避難だったと知ったのはその車中である。汽車は翌日避難民でごった返す平壌へ、乾いた白い路を随分と歩いて目的の民家にたどりついた。

ほっとする間もなく長男は腸炎で動けなくなり、長女次男も次々に熱を出した。運命の終戦はそれからすぐで、玉音放送は高粱畑の中で聞いた。皆、泣きに泣いた。

一夜明けた平壌の街は「日本人負けた」と罵り投石する朝鮮人がいっぱいで、私達は外へも出られぬようになった。当然の事に、それまでの民家を追われ、バラックに移された。この時、所持金は一銭残らず脅し取られて途方にくれたが、とにかく一ヵ月近くは事もなくすぎた。

## 平壌

やがて昼夜といわず物に飢えたようなソ連兵と朝鮮人の略奪が始まった。ある日、我が家にも泥靴で上がりこんだソ連兵は、私の胸倉をとるや子どもと交互にピストルを突き付けてなにか出せと脅す。もう駄目だと観念して目を閉じた。恐怖で声さえ出ない。何も無いとわかってソ連兵が出てゆくと、私はその場に倒れた。あちこちでこのような恐怖が続発し、品物がなくなる頃は女が狙われだしたというので、女は坊主頭になって男装をし、娘達は顔に鍋墨を塗って変装した。

こんな努力に拘わらず、ある夜逃げ遅れた女性が三人組のロスケにおそわれた。女の悲鳴を聞きながら救い出してやる事もできず、私達は草むらに逃げて一晩中夜風に震えながら敗戦の惨めさをいやというほど味わった。

このころから募る寒さに加え食糧も少なくなり、麻疹や栄養失調などで多くの子ども達が亡くなった。やがて外は一面の銀世界、気温零下何十度と下がる。バラックの隙間から容赦なく吹き込む雪に終日震え上がり、夜はいつでも逃げだせるように靴を履き、着の身着のまま煎餅布団にもぐり込む。眠っている間に凍死するかも知れぬので「サヨナラ」を言って床に就き、朝に目覚めると「まだ生きていたね」と歓びあう生死隣り合わせの日々であった。

その年の暮れに金千代会館に移された。ここまでは略奪の手ものびないとあって皆ほっとしたものの、寒さは以前と変わりなく、ますますひどくなった。

## 昭和二十一年一月からの越冬

食糧難に僅かばかりの高粱雑炊で命をつないだ。そんな中で一歳二ヵ月の次男は日々衰弱し、短い命を閉じた。この子のためにと大事にとっておいた一片の角砂糖さえ口にすることもなく……拾ってきた箱が柩となり、少年隊の子等に近くの丘まで運ばれていった。「克彦許してね」と干物のようになった次男の胸に手作りの人形を抱かしてやりながら私は落とす涙さえ枯れてしまっていた。

こうして悲しみの中に昭和二十一年一月を送り、二月を迎える頃には生存者の数が減るいっぽう、我が家では四歳の長男は頭髪が全部抜けて骨と皮ばかりになって動けず、長女はその傍に遊ぶ力さえなく座っていた。

墓のある丘はすぐいっぱいになり、三月末には合同追悼会をして頂いた。再び来ることもないであろうと思うと涙が溢れ、ろうそくの灯が滲んだ。

そんな生命の無常に沈む頃。私達は平壌から奉天へ戻ることになった。弱りきっている長男を背負い、長女の手を引き、野宿用の布団を荒縄で引っ張り、列の最後尾から駅まで一キロあまり道を歩いた。

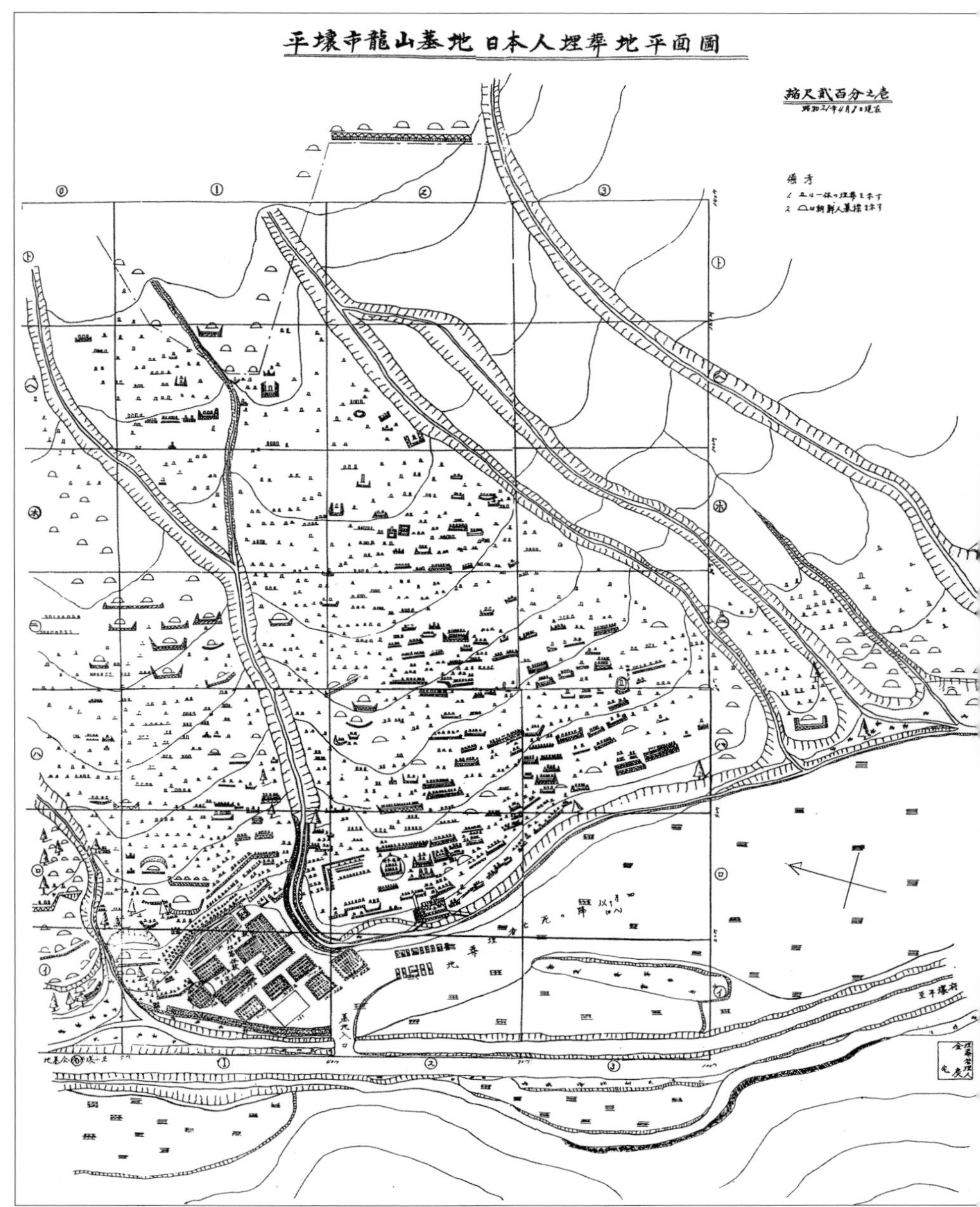


◆**平壌市龍山墓地日本人埋葬地平面図**（三宅スミヱ［静岡市］）昭和21年（1946）４月現地で平壌日本人会及び大馳嶺避難民団（団長松木福次氏）が作成。埋葬者2,421名の殆どは満州避難民。この名簿の中から息子の名を見つけ出した母親もいた。この図は84cm×63cmと大きいもの。

誰もが最後の力を振り絞り、必死であった。

## 鴨緑江を渡り、安東経由で奉天に戻る

平壌から朝鮮の新義州に向かい、鴨緑江も無事通過して、対岸の旧満洲安東（現丹東）駅に着いたのは夜で、冷たいコンクリートの上に煎餅布団を敷いて休んだ。

痩身に寒さがこたえたが、やっと満洲に着いた安堵で疲れがどっと出た。ともかく、汽車は当分動きそうもないというので、生活資金作りに封筒貼りや団子売りをした。鴨緑江の岸辺の緑に荒みきっ

**◆鴨緑江鉄橋**　橋は大きな船や帆船が通行するときは回転して開橋となる。現在でも、この橋は朝鮮民主主義人民共和国新義州市と中華人民共和国丹東市の国境の橋として、使用されている。［昭和戦前期の絵葉書］

た心を洗い幾らか落ち着きを取り戻した四月、奉天から内地引揚げの報が伝わってきた。

今度こそは是が非でも奉天へ着かねばならぬと野宿も覚悟の上で安東を離れた。荷馬車の苦力に金だけ持って逃げられたり、長女が熱を出したりという受難を受けながら、物々しい警戒の奉天にたどり着き夫と再会することができた。

それから一ヵ月、元の官舎で中共軍と一緒に暮らし、六月になっていよいよ内地引揚げとなった。いろいろと制限を受け、ほとんど裸同様の身を無蓋車にすし詰めされ。出港地である葫廬島へと向かった。ここから夢に見た祖国日本に帰れるのである。ドラの音とともに喜びも悲しみも深く刻み込まれた満洲の地に別れを告げた。

思えばあれから三十数年、悪夢のような彼の日のことも今は心痛む想い出となったが、平和な日を迎えることなく逝った我が子や同胞の御魂よ安かれと祈り続ける私である。

［おおつか ふみよ］

＊昭和五十七年二月刊行　佐賀県みやけ町『中原町史（下巻）私の引揚げ記』から転載。

## 馬場桂子（長女）、追記

母大塚文代の文中に書かれている長女の馬場桂子です。

私自身は当時の事はあまり覚えておりません。母が言うのには、あまりの恐怖で頭の中が真っ白になって全て忘れたと言ってました。覚えていることは、奉天の官舎の二階に住んでいて赤い煉瓦塀で家の前の道路が広かったこと。

お菓子を持って撫順の叔父さんの家で従姉と遊んだこと。

弟が栄養失調で亡くなったこと、母が最後に角砂糖を舐めさせていました。

ロスケが夜中に来て大きな身体で立っていたこと、トラウマになって今でも外国人は怖いです。いまは福岡で沢山見かけますが。

帰国中の船の中で亡くなられた方が海へ。桂子ちゃんも死んだら、あんなふうになるよと言われたこと。

中原駅に叔母さんが迎えに来てくれたこと。母の妹です。一時は奉天で一緒に暮らしていましたが情勢が厳しくなる前に母が日本に帰したそうです。駅に着いた時の服装はしっかりと覚えています。白の半袖のワンピースで、赤いファスナー革靴、弟は骨と皮、鶏の足みたいでした。そのワンピースはいまでも家にあります。

令和三年記す　［ばば　けいこ］

episode 14

# 平壌からの引揚

朝鮮半島平安南道
へいじょう（ピョンヤン）

森崎　守

## 平壌から帰る

敗戦の翌年の昭和二十一年、十三歳になっていた私は、仁川から佐世保港に引揚げ、郷里の島原にやせ細った小さい体を兄姉に迎えられました。

父、母と両親を続けて亡くしていた十歳（小学四年生）の時に、叔母のいる朝鮮の平壌に引き取られました。六人兄弟の末っ子であった私は、叔母に連れられ、対馬海峡を関釜連絡船で夜に渡り、釜山駅から特急の汽車で一とびに平壌に着きました。十歳の少年の目に映った薄明かりの中の海峡と、大勢の人間をのみこんだ船の情景はいつまでも消えることはありませんでした。

長崎市の北大浦小学校に入学して、港の見える町と坂道で十年間を過ごした少年が、朝鮮半島の北部にある古都、大同江と広い平野の大地、平壌に四年余りの少年時代を送ったことは、私の人生の中で強烈な印象を残しています。特に敗戦直後の金日成の入城とソ連兵の進駐、三十八度線の山越えと引揚げは、年をとるにつれ思いが深まっていく感じです。

三年くらい前からやっとハングルマルの勉強をするようになり、引揚げの時まで覚えていたハンナ、ツウ……の数詞とともに「チョコッカマィッソ」のほんとうの意味がわかり、植民地時代の日本人の罪深さに驚いています。

私は、つい先日、平壌で在学していた若松小学校（当時は国民学校）の同窓会の存在を知り、その会報の中の若松小学校の見取図や同窓生の寄稿文から、私の少年の頃の空白が埋められ胸の高鳴りを押さえることができません。

## 大同江のほとりで

四年生で平壌若松国民学校に転校した時の住居は、校歌にうたわれている「名に高き大同江の水清くさやけき所」、大同江すぐ横の賑町という所で、大同江の中島、羊角島の先端あたりに位置していました。

対岸ははるかに遠く、すこし上流にかかっている鉄橋には電車が走っていました。冬になると大きな大同江は一面に厚い氷が張り、スケートに箱ゾリにと一日中寒さを忘れて遊んだものです。夏になると水が引いた急流の中を羊角島まで泳いで渡ったりしました。

堤防にそって鉄道の引込線がありましたが、横にある日本人街の子どもの遊び場は、この二本の線路であり道路でのリレーでもありました。もちろん近くの朝鮮人の子どもとも仲良しになり暖かいオンドルの部屋で冷たいキムチをご馳走になったものです。

賑町とはその名の通り、三、四階のビルが広い舗装道路に面して立ち並ぶ遊郭の町です。端の方には朝鮮の女性たちが身をひさぐ平屋建ての長い棟があり、この面でも植民地統治の実態がわかるものです。戦争が終わるまでは日本の兵隊が潤歩し、戦後は満洲からの引揚者の大群がひしめいていました。我われ子ども集団は、ここの広い道路で野球をやり、サッカーに一日中興じたものです。まさにここは植民地政策の裏通りでした。

## 小学校（国民学校）生活

明治三十五年（一九〇二）開校の古い歴史を持つ若松小学校は、平壌駅の近く平壌高女の隣り若松町にあり、当時一学年五クラス一五〇〇余の大規模校で、赤煉瓦建ての瀟洒な校舎とプール、固定施設、動物園など広い敷地の学校でした。運動場の南側には奉安殿があり、広い運動場での運動会では、軍国主義教育を反映して煙幕をはり木銃をもった子どもたちが最後に模擬軍事演習を展開していました。ここのプールで四年生の時に初めて泳げるようになり、鍛練遠足は郊外のお寺まで、かけ足で行進するものでした。講堂で開かれていた剣道大会では、九人抜きをして一位になった思い出もあります。

敗戦の前年には、幸いなことに修学旅行を一泊二日陽徳温泉で行い、夜店で林檎を一〇個買い家で全部食べてしまって家の人に怒られました。休みの日には、野趣豊かな練兵場の池を回って魚釣りをし、オニヤンマを追いかけていました。卒業すると平壌工業学校への進学で、勤労奉仕作業と教練に明け暮れ、勉強はろくすっぽしない毎日でした。

## 昭和二十年八月十五日から

夏休み中の八・十五「玉音放送」を大人たちは集まって涙を流していたが、我々少年たちは何の感慨もおぼえず、これから始まる悲劇の一幕がわかるはずがありませんでした。最後に平壌工業に出校して、朝鮮人の教師から「君たちはこれからが大変だぞ」と励ましを受けたことで、やっと事の重大さに気がついたくらいです。

平壌では敗戦と同時に、太極旗を門々にかかげた朝鮮の人には大人も子どももひどく興奮していました。その後すぐに金日成が入城し、ソ連兵が進駐してきて日本人の生活は全く逆転してしまったのです。今まで遊んでた朝鮮の友だちからは憎まれ、私達は小さくなっていました。食い物も乏しく、市場の中のポン菓子屋やアメ屋さんで働いて飢えをしのいでいました。住んでいた家には歯医者の一族と同居するようになり、私の親友菅君（産婦人科の息子）とは毎日二人で放浪して回り、一年もたたない間にすっかり生活も心も変わってしまいました。

# 三十八度線を越えて

このままの生活では先の見通しがなくなった日本人たちは、トラックを雇って平壌からの脱出を始めました。私達の家族も遅ればせながら、敗戦の翌年の九月に近所の三〇人位でトラックで夜逃げをしたのが、引揚げのはじまりです。大きなリュックと荷物を抱えてトラックの荷台にすがりついた、三十八度線の逃避行は余りにも語り尽せないものです。まさにさまよえる難民となり、トラックを降りた後は、野越え河越え、山を越えて三十八度線でソ連兵のそばを通りすぎた時には、荷物はほとんどなくなり、体一つでというものでした。

十三歳の私は、この時に歩きながら眠るという経験をしました。日本人の集団は、はるかな故国をめざして必死になっていたのです。物も失くしたが、開城を通った米軍のキャンプでは、一日一握りのトウモロコシしかもらえず、老人、幼児や病気がちの人が亡くなり、よく土饅頭の墓をつくったものです。仁川キャンプで長い間待ち、やっと乗った引揚船は、船足のおそい貨物船でした。しかし帰国への喜びは何よりでした。朝鮮半島の黄海側の島々を見ながら、今にして思えば、景色の美しい西海の島々の間をぬうように、佐世保港へとゆっくり進んで行きました。少年時代の一断面ですが、歴史の大きなうねりに揺られ、戦争と平和の願いを叶える礎となりました。

［もりさき　まもる］

＊平成五年（一九九五）五月刊行　引揚げ港・博多を考える集い『戦後五〇年―引揚げを憶う』から転載

◆土饅頭をつくって手を合わせます［画：松崎直子］

# 北京からの引揚

旧中華民国北京市
ぺきん（ペイチン）

与田福子

## 或る引揚船

船はいつの間にか動き出していた。これでやっと日本に帰ることができる。終戦の日に感じたあの喜びが、じわじわと胸に拡がって来た。それにしても何と大きな犠牲が払われて来たことか。

あの日までは内地の人達より恵まれた生活を送っていたが、八月十五日を境に生活は一変した。その日も空には日本の飛行機が飛び、兵隊さんは剣を吊って歩いていた。あの放送さえなければ何も変わった事はなかった。「仇を報ゆるに徳を以ってせよ」という蒋介石の布告のためか、中国人の態度は変わらなかったが、共産匪の暴動を恐れて、私達軍属の家族は部隊に収容される事になった。次々に来る迎えのトラックに荷物がのせられ、家族が運ばれて行く。終戦の日から四ヵ月間私達は、北京郊外の部隊から北京市内へ、それから何日もかかって無蓋車で天津へ、天津から塘活へとたどりつい

**◆北京正陽門**　明の永樂十八年（1420）の建立。［昭和戦前期の絵葉書］

たのである。

そして十二月二十四日、乗船と決まった。皆の帰国準備は忙しくなった。多分今年の引揚船はこれが最後であろう。この次はいつになるか予想もできなかった。年内には帰れるらしいと噂のある頃、私は風邪のため発熱し、とても一年半の長男を背負って帰れる状態ではなかった。自分一人でもふらふらするのに、子供も自分も着れるだけの物を着、持てるだけ（ほとんどおむつだったが）荷物を持たねばならない。帰国の時の荷物は手にさげられるだけと決められていたのである。

荷物は全部自分が持つから、どんなにしてでも船まで行ってくれ、倒れるなら船で倒れてくれと夫は言った。高熱のため着のみ着のまま、毛布一枚で板張りの上に寝ながら私は、慌しい皆の動きを眺めていた。長い間待ちのぞんでいた帰国なのに、もうどうでもいい気持ちであった。しかし近くの人達にお守りをされている長男を見れば、どんなにしてでも立ち上がらねばならない。こうして私は列の最後になりながらもどうやら船に行き着く事ができた。

## クリスマス・イヴ

引揚船は上陸用舟艇といって戦車を輸送するアメリカの船で、船腹の突端が両方に開きその中に入ると、床は鉄板で体操場のように広く、千人余の軍属家族がすっぽりと収まった。引卒者が「そのまま坐って下さい、そこが内地に着くまでの貴方の場所です」と言った。私の坐った所はちょうど機関

◆ＬＳＴ（吉田潤作　制作）

室の上で、鉄板が温かく沿岸にそっての何日かの船旅のうちに、すっかり風邪は治った。船の形の通り皆が坐り、通路は周囲の壁にそって、人一人が通れる位のがあるだけで、人の間を踏むようにして通らなければならなかった。

例によって使役は男の人ばかりで、早速上甲板に便所が出来た。段をあがると板が二枚斜にわたしてあり、そのまま海に流れこむようになっている、至極簡単なもので周囲を布でかこってあるだけだ。ひょいと上を見ると高い所からアメリカ兵が見ている。

初めてこの時、敗戦の屈辱を感じた。

しかしもっと大きな屈辱がすぐその後から起こった。酒に酔ったアメリカ兵が、便所に行く軍属の奥さんを、自分達の部屋に引き入れたのである。そのため通路の近くは、ずっと男の人が坐り、女は男物の帽子で髪の毛を隠し、男物のオーバーの衿をたてて真ん中に集まった。用便もオーバーの中にバケツを

◆屈辱の身代わり［画：松崎直子］

隠し入れて、それにした。通路には真赤な顔をしたアメリカ兵が、物色するような目で、固まっている女達を見ているようだった。私達は生きた気持もなくふるえていた。

連れこまれた奥さんを返してくれるように交渉に行った人達は、ではその代わりの女を出せとのアメリカ兵の返事を持って来た。それに今夜は船を出さぬという。うかつにも私達はその日がクリスマス・イヴという事を忘れていた。いやそれに気付くほどの心の余裕がなかった、と言うべきかもしれない。悪い日に乗船したと皆は嘆いた。私達は顔をかくし目をそらす事で、その運命から逃れようとした。

その時、軍の慰安婦とよばれる人達がその役目をすすんで引き受けると申し出たのである。

この四ヵ月間、その人達が私達と起居を共にしていた事は全然知らなかった。

ひっそりと私達の後から従って来たこの人達は、私達の屈辱の身代わりになるため表面に出て来たのである。この人達へせめて着物でも上げようと、争って出し合った。乗船の時に所持金は全部出してしまった私達は着物でも差し上げなければ、感謝の気持ちの表わしようがなかったのである。私達が生きて行くことは色々なものの犠牲によるものではあるけれど、このような犠牲を人に強いてよいものだろうか。アメリカ兵の部屋に女性達十一人が入って行って、重苦しい時が流れた。私達は早く時の過ぎるのを祈るような気持であった。随分時間が経った気がした。いつこの人達が戻って来たか分らなかった。暫くは興奮のために、ざわめいた人達も、坐ったまま隣りの人達にもたれかかるようにして眠りはじめた。十二月二十五日未明、船は静かに港を離れた。

［よだ ふくこ］

＊平成五年（一九九五）五月刊行　引揚げ港・博多を考える集い『戦後五〇年―引揚げを憶う』から転載

episode 16

# 新京からの引揚

旧満洲吉林省 新京（シンチン）しんきょう

中元暢一

## 旧満洲

宮崎市が中国東北部の葫蘆島市と姉妹都市として交流しようとしている。そのため、昨年十一月葫蘆島市行政の幹部や報道関係者が宮崎市を訪れた。その折、私も敗戦後葫蘆島市の港から引揚げてきた一員として取材を受けた。日中国交正常化三十周年記念のテレビドキュメンタリー番組を制作、国営放送の中央電視台で放送するとのことであった。

今年は、宮崎市が訪問する予定であったが、新型肺炎の流行で延期になっていると報道されている。さらに今年になって、六十年前、旧満洲で一緒に遊んでいた幼なじみ三人が、遠くは青森から、他は埼玉と岡山からやって来た。これは二年ごとに東京で開催される同窓会に昨年九月行った折、宿を共にして語り明かしたが、その時に話がまとまったものである。六月十六日から二泊三日で県内を案内して回った。さらに、その後旅行した札幌で、同じく旧満洲で一緒に遊んでいた女の子（といってもお互い孫がいる年齢になってしまったが）と六十年ぶりに感激の再会を果たした。

そんなことが重なり、今回、旧満洲のことを書き残しておこうと思いたったのである。

## 昭和十五年、五歳のときに新京へ

父が鉱山技師だった関係で、五歳の時、旧満洲（現在の中国の東北地方）に渡った。昭和十五年のことである。新京（現在の長春市）に居を構えたが、父は地下資源調査とやらで、月に数日しか家に帰らないことが多かった。馬賊（今で言うゲリラ）が出るとかで、腰にピストルを下げていくこともあった。母が毎日のように陰膳を据え無事を祈っていたことを思い出す。

敗戦直前に父に召集令状が来て、社宅総出で見送る中を出征していった。世界最強を自称する大日本帝国陸軍（関東軍）は、本土決戦のためと称して、主力を内地へ引揚げてしまった。その穴埋めに応召された素人集団の父たちが、満ソ国境を任されたという訳である。あとで父に聞いた話では銃すら二、三人に一丁しか渡されず、サイダー瓶にガソリンを詰め、敵の戦車の下に潜り込む訓練をさせられたそうである。

敗戦直前、会社命令で全社員家族共々引揚げることになった。父はまだ復員しておらず、母が私を頭に四人の子供を引き連れ出発することになった。自決用の青酸カリが配布されたのを覚えている。

◆**新京市街**［昭和戦前期の絵葉書］

無蓋貨車で奉天市（現・瀋陽市）まで逃げた所で終戦を知らされた。数日を待たずして元の新京へ戻ることになった。

帰りは武装グループ（正体不明）の襲撃に遭い、何回も略奪された。列車が止まる度に、世話役が皆から貴重品を集めて回った。話がついたとみえ、しばらくすると列車が動き出す。そんなことが数回繰り返され、苦労を重ねて新京に戻った。元いた社宅に戻ってみると、満ソ国境から着のみ着のまま命がけで逃げてきた開拓団の人々が、いい空き家があったとばかりにまさに入ろうとしているところであった。

社宅の冬の暖房のボイラーマン兼管理人をしているロートル（と皆が呼んでいた中国人で名前も知らなかった）が、社宅に住んでいた人たちは必ず帰ってくるから入居はさせないと一人で頑張っているところであった。開拓団の人たちは、気の毒なことではあるが、どこか他のところを探すと移動していった。数日してソ連の戦車隊が新京の市街に現れ、まもなく武装した兵士が街にあふれた。

## ソ連兵の暴虐

敗戦国民の悲惨さ、みじめさを嫌というほど味わわされたのはこの時である。守ってくれるべき我が日本の軍隊の主力は、要領よく本土へ逃亡（だと思う）し、逃げ遅れた軍隊は捕虜としてシベリアへ送られ強制労働。国家の後ろ楯もない外地へ残された敗戦国民ほど哀れなものはない。

おまけにやってきたソ連兵の程度の低さと言ったら無かった。真偽のほどは知らないが、正規に訓練を受けた部隊はヨーロッパ方面へ展開しており、旧満洲方面へ派遣された部隊は、訓練も満足に受けていない教養のない連中だという話であった（最近調べたところでは、やはりヨーロッパから転戦の正規軍であったとのこと）。いずれにしても無教養丸出しの言動、略奪、婦女暴行等々ひどいものであった。未だに、その恐ろしさと軽蔑の念だけが強く心に残っている。

彼らに路上で出会ったが最後、銃を突きつけホールドアップ。それからポケット検査。金目の物を全部没収。もちろん腕時計も。ところが時計の見方も使い方も知らないのが多かった（という噂であった）。奪った時計を腕にずらっと、それこそ鈴なりに十数個はめている。ネジが切れて止まった時計は故障だとして捨てていたという話も聞いた。

幸い我々子どもはそんな目には遭わなかったが、それでも怖かった。父のいない我が家にも、昼間に三回ほどやって来た。土足のまま畳の上に上がり込み、勝手に好きなものを奪っていく。台所の戸棚まで開けてシヤケ、シヤケと言って酒を探す。宝石や時計、時にはラジオまで持って行く。後で聞いた話だが、工場の機械等は毎日のように母国への戦利品として、貨車で運んだという。

もちろん日本人も自衛策を考える。百数十軒あったと思われる社宅街の数ヵ所に見張り小屋を拵える。そこに手の空いた男がいつも詰めている。ソ連兵が来たということになると、すぐそこに駆けつけてくれる。もちろん物理的な抵抗は出来ないので、略奪に来た兵の後ろをぞろぞろ付いて行く。気持ちが悪いので、すぐ出て行くという寸法である。

深夜に酔っぱらった兵隊がやって来た時は恐ろしかった。我が家は、凸字形の鉄筋コンクリート（一階が三軒、二階が三軒の計六軒）の社宅の二階にあった。どういう訳か、その酔っぱらいが、我が家に直行し玄関のドアをガンガン叩いた。隣近所も息を潜めて出てこない。鍵が壊れたがドアのチェーンが外れず助かった。今思い返しても、あの時ドアが開いていたなら、と考えただけでゾッとする。ただでは済まなかったであろうし、ひょっとすると母か妹かが暴行されたかも知れなかった。

## 学校

そのような中で、学校の授業が再開された。しかしそれもすぐ学校が兵舎として占拠され、学校を追い出された。それから教室探しが始まる。幸いにも戦後の混乱期、建物だけはすぐ見つかる。略奪の限りを尽くされた銀行、郵便局、旧満洲国攻府関係の建物等いくらでもあった。最初は学校近くの商工金融合作社に移った。しかし、それからがたいへんである。何しろめぼしい物が持ち去られただけでなく、大小便はしてある、卑猥な落書きがある、什器類は壊されてあたり一面に散乱しているで、しばらくは毎日大掃除の連続。やっと落ち着いて勉強出来るようになったと思ったら、またソ連軍から取り上げられる。何でも三ヵ所くらい移動したと記憶している。

最近、同窓会誌で知ったのだが、我々の近くに住んでいて、戦後授業が再開されたことも知らず登校しなかった者もいたそうだ。当時いかに混乱していたかがわかるであろう。先生方はもっとたいへんであったと思う。学校が短期間で次々と変わるだけでなく、メンバーが揃わない。生徒ばかりでなく教職員も行方不明者がたくさんいるので、学級編制、教青課程、教科書（戦前のをそのまま使っていたが）等々……。

そんなことより、給料はどうなっていたのであろうか。何しろ支払いの主体者である政府はつぶれて存在しない。今考えてもわからない。そのためであろうか、学校の帰りに通りかかった食べ物屋（チェンビンとかワンズと言った中国式菓子で主食兼用に食べた）で、先刻教えていただいたばかりの受け持ちの先生が、商売をしている姿をよく見かけた。

中でも強烈な印象として、今でもあざやかに記憶が蘇えるのが、頭を丸刈りにした同級生の女の子たちである。満蒙の開拓団として入植した人たちが、敗戦後それこそ命からがら裸一貫で都市部へ向

◆「満洲国」国務院［昭和戦前期の絵葉書］

かって逃げ出した。その途中、女の子は強姦されるのを防ぐため、男に変装して避難してきたのである。おそらく着のみ着のまま、その日の生活にも困っていたはずなのに、学校だけはと女の子が丸坊主姿で登校して来る。そんな子がクラスに二〜三人はいた。

## 竹の子生活

ここに、日本人の教育に対するすさまじいばかりのエネルギーを感じる。それが今日の日本を作りあげてきた要因の一つなのであろうか。あの混乱期の中で、誰がどのようにして学校を管理し運営していたのだろうか。そのことも、今考えても不思議に思う。これも、日本人の教育に対する思い入れの強さなのであろう。

その頃のことで、いちばん辛かったことは、零下二十度の凍てつく街でお菓子を売り歩いたことである。小学校四年生の冬だった。父はシベリアへ抑留されて帰って来ないし（実際は抑留される途中、仲間と脱走し、春が過ぎて家へ帰ってきた）、しばらくは家財を売って「竹の子生活」をしていたが、だんだん心細くもなって来た。早朝、母と市場に仕入れに行く。それを机の引き出しに紐を通して首に掛け、雪と氷の街を売り歩く。人に出会うと「〜お菓子はいかがですか」というのがなかなか出ずに困った。この辛さ惨めさは、ずいぶん長いあいだ話もしたくないほど嫌な思い出だった。やっと人様にも紹介できるようになった。

そのころ親切にしてくれた中国人のことも書いておきたい。戦前よく靴の修理に回ってきていた人だった。父がお茶でも飲めと座敷にあげ、お菓子を出された親切が忘れられないという。名前も忘れてしまって申し訳ないが、何か困ったことはないかとわざわざ訪ねてくれた。衣類等ずいぶん売ってきてくれた。今思い出しても胸が熱くなる。

妹の死も悲しい思い出である。火葬もできず、旧満洲の原野に埋葬してきた。見渡す限りの墓標、数千本はあったと思う。ほとんどが日本人のものであったが、今でも目に焼きついている。定年退職を待ち兼ねて、埋葬した場所を捜しに行った。

## 一面に咲くサルビア

私たちが住んでいた新京特別市は、現在中国の吉林省の中心都市（長春市）としてめざましい発展を遂げていた。妹を埋葬した場所は、郊外であったことも幸いして、農事試験場になっており、場所もほぼ特定することができた。当然ながら木製の墓標は風化して一本も残っていなかった。あたり一面に赤いサルビアが咲いており、年甲斐もなく涙が出てしまった。土を持って帰り、宮崎の父母の墓に入れた。

中国残留孤児のことも書いておきたい。一歩間違えれば、私たち兄弟も残留孤児になった可能性もあったことを思えば、他人事ではない。

同じ社宅にKさん一家がいた。ご夫婦と二歳の女の子がいた。夫婦で衣類を売りに行き、商いに気を取られているうちに、こどもが行方不明。私達が引揚げるときも、こどもを捜すといって残られた。昭和六十年頃だったと思う。テレビを見ていたら、中年女性の中国残留孤児が実父母と対面している場面が放映された。「Kさん」の名に仰天し、翌朝に駅の売店に飛んで行き全社の新聞を購入し調べた。「読売」が三面のトップに大きく写真付きで載せていた。娘さんは実父母が自分を捨てて日本へ帰ったとばかり思っていたそうである。Kさんは我々が引揚げてから一年間、乞食同然の生活をしながら捜したとのこと。当時まだ元気だった福岡の父にすぐ知らせた。

その後父から聞いたところでは、Kさんは中国へ行き、「娘の嫁ぎ先の家族に会って、幸せな生活をしているのをみて安心しました」と便りをもらったとのこと。それが翌年の父への便りでは「娘家族

◆厳然と聳え建つ合同法院の威容［昭和戦前期の絵葉書］

全員を日本へ引き取ることにしました」となり、その後の消息は、父も亡くなりわからない。福岡在住の次弟は「中国残留孤児のニュースがあると、すぐ泣き出します」、と嫁がいう。小さいときからKさんの話を聞かされていたからであろう。

## 国府軍と八路軍、それぞれの軍隊で戦う元日本兵

昭和二十一年四月にソ連軍が慌ただしく撤退、替わって蒋介石の指導する国府軍が進駐。交替は比較的穏便に行われたが、やがて毛

沢東の率いる八路軍（パーロと呼んでいた）との激しい市街戦が始まった。銃弾が音を立てて家の煙突に当たった。窓から覗くと、合同法院（旧満洲国の裁判所）に立て籠る国府軍に八路軍が突撃していく姿が見える。翌日、道路のあちこちに兵士の死体が血まみれになって横たわっている。死体からはめぼしい身の回り品は奪われ、靴も盗まれて履いていない。さすがに靴下までは取られてはなかった。同級生で、拾った銃弾が爆発し、辛うじて一命をとりとめた者がいたことも思い出す。

ところが間もなく、国府軍はアメリカの援助のもとに近代装備の大軍を投入。八路軍は素早く撤退したので、無血入城となった。これら一連の動きの中で、強い印象として残っているのは、両方の軍隊にかなりの日本兵が混じっており、中には将校クラスもいたこと。それに八路軍の規律の厳しいことである。「人民大衆には、絶対迷惑をかけないこと」が徹底していた。この後、毛沢東の軍隊が中国全土を掌握することになるのだが、これも当然のことであったと思う。

昭和二十一年八月、敗戦から一年後、内地に引揚げてきた。列車はまた無蓋車だった。敗戦の玉音放送を聞いた瀋陽（旧奉天市）を通過、錦州市では鉄条網で囲んだ収容所に二週間入れられ、葫蘆島市の港から乗船。そこで初めて「リンゴの歌」を聞いた。

## 満洲は生涯の心のふるさと

博多港に上陸、ようやく故郷の土を踏むことができた。一人リュックサック一個、家族五人、文字通り裸一貫であった。戦後の旧満洲での生活は、二度と経験したくないが、今となっては貴重な体験であった。苦しいことに直面したとき、旧満洲での生活を思い出すと不思議と力が湧いてきた。六年間ではあったが私にとっては生涯の心のふるさとである。

五族協和、王道楽土の国と諷われた旧満洲は、戦後評価は一変し、帝国主義・軍国主義の野望、欺臓・傀儡攻権、植民地支配・侵略と批判・非難の集中砲火を浴びる。大陸や朝鮮半島を植民地として支配し、他民族のプライドまでも傷つけた日本人の行動は、歴史的にも糾弾され、二度とくり返してはならないことは自明のことである。そのためにも、平和と友好親善の交流は絶やしてはならないし、ささやかなりともお手伝いできれば微力を尽くしたい。イラク、パレスチナを始め、連日、世界のどこかで紛争が絶えない。その度に、他人事とは思えず胸が痛む。平和な世の中を祈らずにはおられない。

平成十六年三月記す。

［なかもと　よういち］

＊冊子『悠（はるか）』平成十六年四月九日刊から、息子の中元康夫が一部改訂して転載した。

episode 17

# 甕津からの引揚

朝鮮半島黄海南道

おうしん（オンジン）

伊藤綾子

## 終戦より引揚げまでの道程

私が物ごころがついた頃から終戦までを過ごしたのは、朝鮮半島三十八度線上の黄海南道甕津郡甕津里です。昭和二十年八月十五日、八歳で終戦を迎えました。それまでの私の中の朝鮮時代はまるで桃源郷の如く懐かしい場所となっております。父母、母方の祖母、我々姉弟五人の八人家族でした。

終戦の八月十五日は父母をはじめ会社の方々が我が家に集まりラジオを聞きつつ皆で泣いていました。お盆でもあり姉と私は単衣の着物を着て庭のブランコで遊んでいましたが、日本は戦争に負けたのだ……とおぼろげながら感じ取ることができました。その日以降はまるで地獄のような日々がやってきました。朝鮮の人たちが毎夜のように家を取り囲んで大声で歌を歌うのです、曲は「ほたるのひかり」でした。言葉は分かりませんでしたが、この歌は朝鮮の国歌か？ と思ったほどです。内地（日本）

に対する望郷の思いはこの時ふくらんできたように思います。

父は運輸関係の仕事をしておりました。社員には朝鮮半島人の部下もいたようです。召集令状を受けた部下が出征当日逃走してしまい、その人を解雇していたそうです。終戦後、その人が現れて父は一時拘束され、ひどい目に遭ったと聞かされました。後々その時の背中の傷を見せてもらったことがあります。

ある夕食時でした、飼っていた鶏を絞めて鍋を囲んでいました。突然母が「皆して死のうじゃないね」と口にしたことがあります。父は気丈にも「ばかっ！　何を言う、さあみんなたくさん食べて元気を出すのだ」と我々を励ましてくれたことは忘れられません。

三十八度線上であった故でしょうかアメリカ兵とソ連兵とが同時に進駐してきました。やがてアメリカ兵のみ近くのホテルに常駐となりました。今まで敵として戦ってきた兵隊が我々日本人を朝鮮の人々から守ってくれたのです。

ある日、近くの広場でバレーをやっていたアメリカ兵のボールが我が家の庭に飛び込んできました。一人のアメリカの兵隊が親しみのある笑顔で近寄ってきて、尻込みする私どもに「ミヤックス」と自分の名を名乗り二十歳と地面に書いてくれました。父も母も戸惑っていましたが、我々はそれ以降親しくなり、やがて家に遊びに来るようになりました。土足で上がってくるのには閉口しましたが、ハンガーを欲しいと言われて数本渡してあげました。お礼にとチョコレートをいっぱいもらいました。私の大切にしていた日本人形も差し上げました。ほっとするような小さな日米の交流でした。

今、手元に残っている、姉と共に記した「昭和二十年終戦より引揚までの道程」には二十年十一月二十一日、「二里あまりの道を港へ向かって急ぐ」と地図の上に記されています。もちろんミャックスも別れを惜しんで送ってくれました。一人当たり千円のお金をお腹にまきつけてもらいました。父はリュックを背負い持てるだけの物を両手に、母は生後十ヵ月の妹をおぶって三歳の弟の手を引き、私は食料の入ったリュックを背負い、六歳の弟は何を持たされていたのか身体からはみ出るような大きなリュックを背負っていました。港まではアメリカ兵が見守ってくれました。仁川までの船の中のことは全く記憶にありません。

## 玄界灘の甲板の光景

仁川までは、およそ一日半ほどかかったようです。それから十日ほどをお寺のようなところで過ごしました。父がそこで急性肺炎にかかり入院した事を覚えています。あの非常時によくぞ入院できた事だと今思い返しても有難いことだったのだと感謝しております。

お陰で大事に至らず、二十年十二月四日、京城に移動して我々は貨車に詰め込まれ、持病のある祖母とそれに付き添う姉は、客車で釜山を目指しました。釜山着が二十年十二月五日夕刻、と記録にあります。二十年十二月六日、引揚船興安丸で博多港に二十年十二月七日着、今思い返すと、あのどさくさの中スムーズな旅程だったと思います。忘れられない光景があります。玄界灘の甲板で母と共に

◆興安丸甲板からの水葬［画：松崎直子］

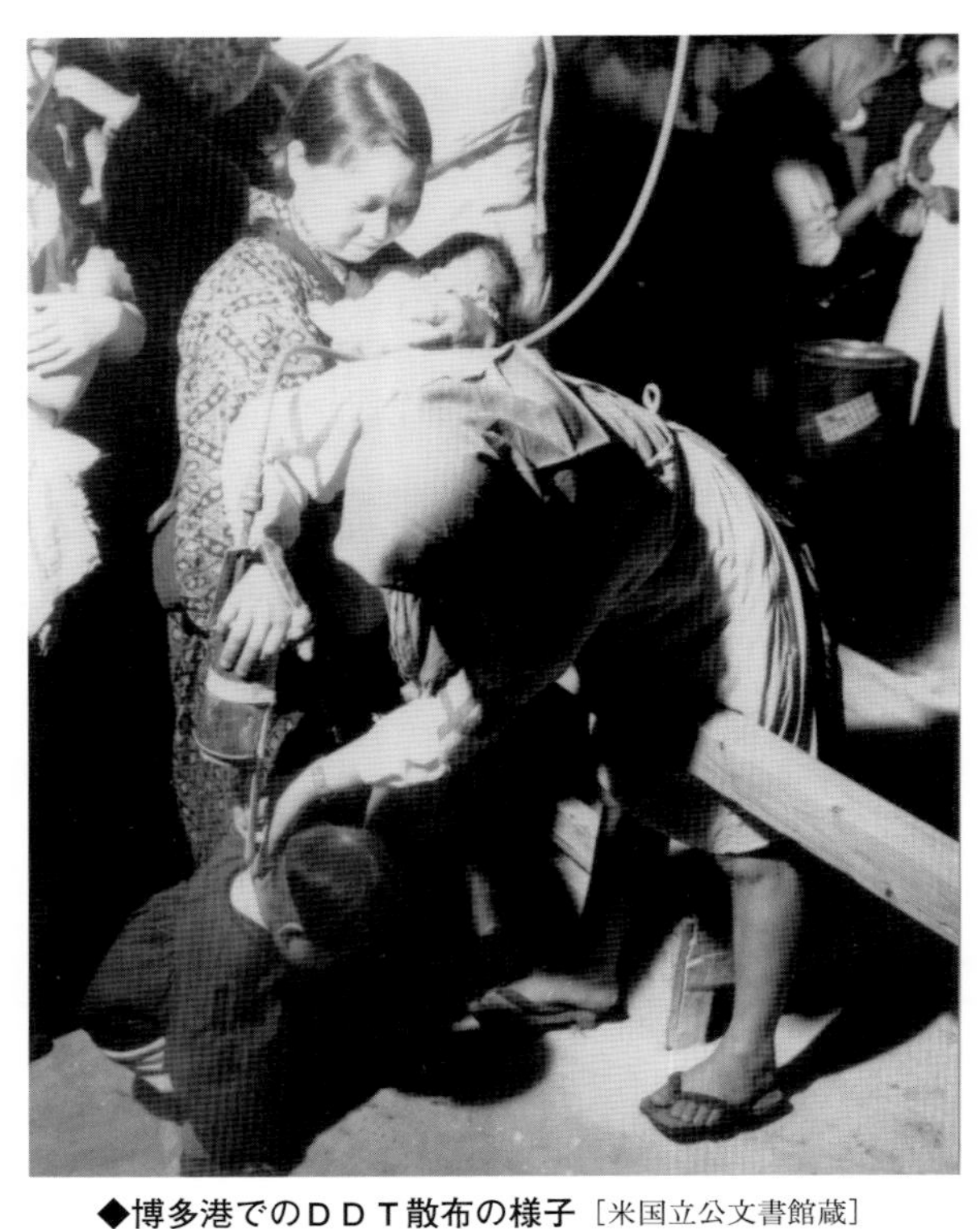

◆博多港でのＤＤＴ散布の様子［米国立公文書館蔵］

見た光景は今でも記憶に焼き付いております。数人の人たちがコモに包んだ細長い物を海に流しているのです、母は「あれは遺体だよ」と教えてくれました。ここまでたどり着いて祖国を目の前にして何と悲惨な事か、残された家族はその後の人生をどんな思いで過ごしたのだろう……と今にして思われます。

二十年十二月七日夕刻、博多港に上陸しました。博多港では米兵の「オナイチレツ、オナイチレツ」（女性一列）の掛け声で頭からＤＤＴを振りかけられ、そしておにぎりを一個ずついただきました。その後、筑後大石駅で一泊して十二月八日、家族八名は馬車に乗って無事父の故郷、朝倉にたどり着きました。幌付きの馬車の中で煎り米をぼりぼりかじっていたことを思い出します。夢にまで見た祖国日本でした。祖母、叔母、従姉妹たちとも対面しました。

やがて出征していた叔父も復員してまいりまして、我々家族は久留米の戦災者引揚者住宅に移り住みました。元、兵舎だった所で狭い仕切りの床板に一人畳一枚が割り当てられました。あんなに憧れた内地だったのに、実態は悲惨なものでした。引揚時に持たされた一人千円のお金も貨幣の切り替えとかで紙くず同然となり父母の苦労はいかばかりだったかと今にして思います。

## 悲惨な体験を後世に

私にとっては桃源郷のような、あの時代でしたが、後になり、朝鮮半島が植民地として統治されていた事、創氏改名などという人権侵害がなされていた事も知りました。戦争は差別をうみます。幼かった我々にもそれは染みついていたのでしょう。母のお気に入りの日傘を姉は移動中ずっと大切に持っていたのですが博多港に着いてほっとしたすきに盗まれてしまいました、姉は「日本人にも泥棒はいるのねっ！」と声に出して母から口を抑えられていました。後々、姉はその言葉を私どもに度々伝えていました。

懐かしいあの地も今は北朝鮮の領域になっていて訪れるすべもありません。当時を語りあえる姉も亡くなり寂しい限りです。辛い時代を耐え抜いた父母たちに思いをはせ、人々傷つけあう戦争は二度とあってはならないと声を大にして、生ある限り伝えていきたいと思います。あの悲惨な実体験を伝えていくのは我々が最後の世代でないかと思われます。

戦争は大切な命を奪い差別を生みます。今、世界全体がコロナという見えない敵と戦っております。一日も早く収束して欲しいと心から願っています。

［いとう　あやこ］

episode 18

旧満洲安東省
あんとう（アンドン）

# 安東からの引揚

山県美智子

## 新生活の原点「博多松原寮」

平成六年八月、東京銀座松坂屋で第五回平和祈念展を見ました。平和祈念特別基金と読売新聞社の主催でした。「六六〇万人の労苦の記録」と副題がありまして、引揚港それぞれの報道写真の中に博多港桟橋のものが二点ありました。上陸したのは半世紀も前のことで、記憶にないのですが、私は平成四年に「追憶の満洲、四十六年前のボートピープル」という小著を出版した御縁で、福岡市役所民生局の方から近代都市として発展した福岡市の観光案内をいただきました。福岡市が大空襲にあわれ、復興にも多難な時に引揚者の収容検疫、帰国業務に当たられたことを今も感謝しています。

終戦時の夫の勤務地は、中国と朝鮮半島をさえぎる鴨緑江の河岸にある安東市（現丹東市）の安東軽金属でした。一般市民の引揚げが開始された後も八路軍の留用技術者となり、一年余りを過ごしま

◆安東縣「繁華なる満州人街」［昭和戦前期の絵葉書］

した。しかし技術者集団といっても、何もすることがないのです。

## 満州の工場機材はソ連に

終戦後まもなくソ連軍による工場解体が行われ、機械や資材は貨車三〇〇余輌に満載され、安東軽金属だけでも何処ともなく持ち去られ、社員一同は断腸の思いで見送ったものでした。前述の引揚記録展示の中に色々な引揚ルートが示されていました。

しかし、私共の安東脱出ルートは、闇ルートのせいか、記録されていません。終戦直後、市内の富裕商人達が一人五〇〇〇円位出して朝鮮北部の漁船をチャーターし、運が良ければ朝鮮南部の漁港に上陸できたようです。

終戦翌年の昭和二十一年十月、八路軍と国府軍の激しい戦闘で爆破された建物や、くすぶる煙の中を脱出しました。引揚業務を指揮していたのは、当時の政府八路軍管理下の日本人民主連盟でした。彼らは旧日本兵で、中支の戦場で負傷し、日本軍に捨てられ、八路軍に生命を助けられ、共産化した人々のようでした。彼らも日本に帰りたいらしく、私達の船に同乗しましたが、三十八度線を突破した村で、民衆裁判にかけられ、米兵に引き渡されました。

## 機械船「恵比須丸」

漁船で脱出したこの三十八度線越えのルートで是非書き残しておきたいのは、機械船「恵比須丸」の座礁沈没のことです。戦後出版された引揚記録には、座礁の日時もなく、遭難者五、六〇〇名と大ざっぱなことしか出ていません。沈没は昭和二十年十月二十九日の未明から三十日朝です。この船は

**◆鴨緑緑江に架かる鉄橋開橋と筏**［昭和戦前の絵葉書］

三〇隻余りの船団の中の唯一の機械船でしたが、七〇トン位のポンポン蒸気で、満載しても二五〇人位と思われます。私が所有している藤木リポートは、ご自分も、母と新婚の妻をこの船で失われた生存者の記録です。安東軽金属と、工場建設を担当した鉄興工務の社員と家族四〇名以上が遭難しています。家族の一人の女学生、セーラー服のままの遺体は翌年の春、島根県の漁村に流れつき、身元不明なので当時NHKの尋ね人番組で放送され、故郷に帰られました。朝鮮北部の鎮南浦から島根県まで二〇〇〇キロを漂流し、砂浜に打ち上げられた少女の遺体に涙しない人は無かったそうです。

遭難のことを本に書いてから、「その船に乗ったかも知れない両親を待ちつづけている」という方や、「女性で助けられた何人かの一人です」という電話もありました。この船は朝鮮北部船籍のため日本の海難史にも記録されず、遭難者の埋葬地も不明で、この件に関する限り戦後処理は終わってないと思います。

## 人類は誤りを繰り返しつつ進歩する

近年、「旧満洲国」に対する再検証を説える学者も増えつつあります。中国でこの国を「偽国」とし歴史から抹殺するのは仕方がないとしても、若い日本の研究者達が、あれは傀儡政権であったとか、一握りの軍人と侵略主義者が無知な民衆を騙して中国を侵略したというような単純な理由には賛同できません。

◆**松原寮の光景**　寮は石堂川を挟んだ博多中央埠頭の対岸にあった。［『博多引揚援護局誌』より転載］

世界史を見れば判るとおり、先進国と言われた英、仏、伊などが、それぞれの植民地、アジア、アフリカ地域に採用していた植民地政策が立派だったと言えるでしょうか。彼らの政策では宝石、棉花、鉱物資源などを搾取するばかりで、日本が旧満洲国に注いだような開発エネルギーを使ってないように思えるのです。

人類は誤りを繰り返しつつ進歩するので、いずれ歴史の上で明らかになるでしょう。

松原寮で一人千円の支給金をもらい、東京に帰ってから主人も私もずっと働き、満洲で乞われても養子に出さなかった子供らも、身体を張って育て上げました。二十代後半で博多に上陸した私達もすでに老境に入り、複数の病気を持つ身となりました。現代日本の平和が、戦争体験者の深い悲しみの中から生まれていることを、書き残す義務があると思います。同時に私達の引揚げの原点である福岡市に良い記念館の完成を心から待っています。

ひとひらの生命　軽ろしと戦いて　いま豹変す　地球より　重しと。

［やまがた　みちこ］

＊平成五年（一九九五）五月刊行　引揚げ港・博多を考える集い『戦後五〇年―引揚げを憶う』から転載

# episode 19

旧満洲奉天省
ほうてん（ムクデン）

# 奉天からの引揚

中村陽子

## 佐世保埠頭

私は二歳になったばかりの昭和二十二年九月二日、両親に守られながら佐世保埠頭に引揚げてきました。その前後の記憶は全くありません。

父は戦前、満鉄に勤務していて、昭和初期に母と結婚し、平和で恵まれた生活を送っていました。あの第二次世界大戦に日本は敗れ、私は終戦直後の昭和二十年八月二十八日、旧満洲国奉天市皇姑区太平街で生まれました。十五年振りに出来た子どもでした。

手造りの布の靴を造って下さった、やさしい中国人の夫婦が「引揚げるのは大変でしょうから陽子ちゃんを私達に下さい。大和民族は優秀な民族だから大事に育てますから」と申し出があったけれど、両親は「陽子は必ず日本に連れて帰ります」とはっきり断りました。手放されていたら、今の私はな

◆**「引揚第一歩の地」の碑**　ハウステンボス駅から西北西４キロ先の針尾島埠頭に建つ。画面右手奥には浦頭引揚記念平和公園があり、資料館やモニュメントが建っている。この地には1,396,468人（昭和20年11月～25年５月）が引揚げた。［撮影：平成27年８月26日］

いでしょう。想像を絶する過酷で悲惨な状況で、死線を越えてきた両親（父・安藤清、母・安藤秋子）に改めて感謝致します。

また埠頭には、連絡を受けた叔父が近所の農家で卵とトマトを分けてもらって迎えに来て下さいました。この小児科医の叔父は後日、病気になった私を、三日三晩つきっきりで治療・看護してもらい、命の恩人です。

平成二年、年老いた両親と、大学生になった私の二人の子どもを連れて、埠頭へ旅してきました。父も母もどんなにか感慨無量だったことでしょう。また戦争を知らない二人の子は何を感じたでしょう。気持ちに寄り添ってくれたら何よりです。「引揚第一歩の地」の碑が建っていました。海を、そして後の丘を眺めてきました。

また五、六年前に、夫と二人でこの地を訪れ郷里に帰るために、疲れた体で辿り着いた南風

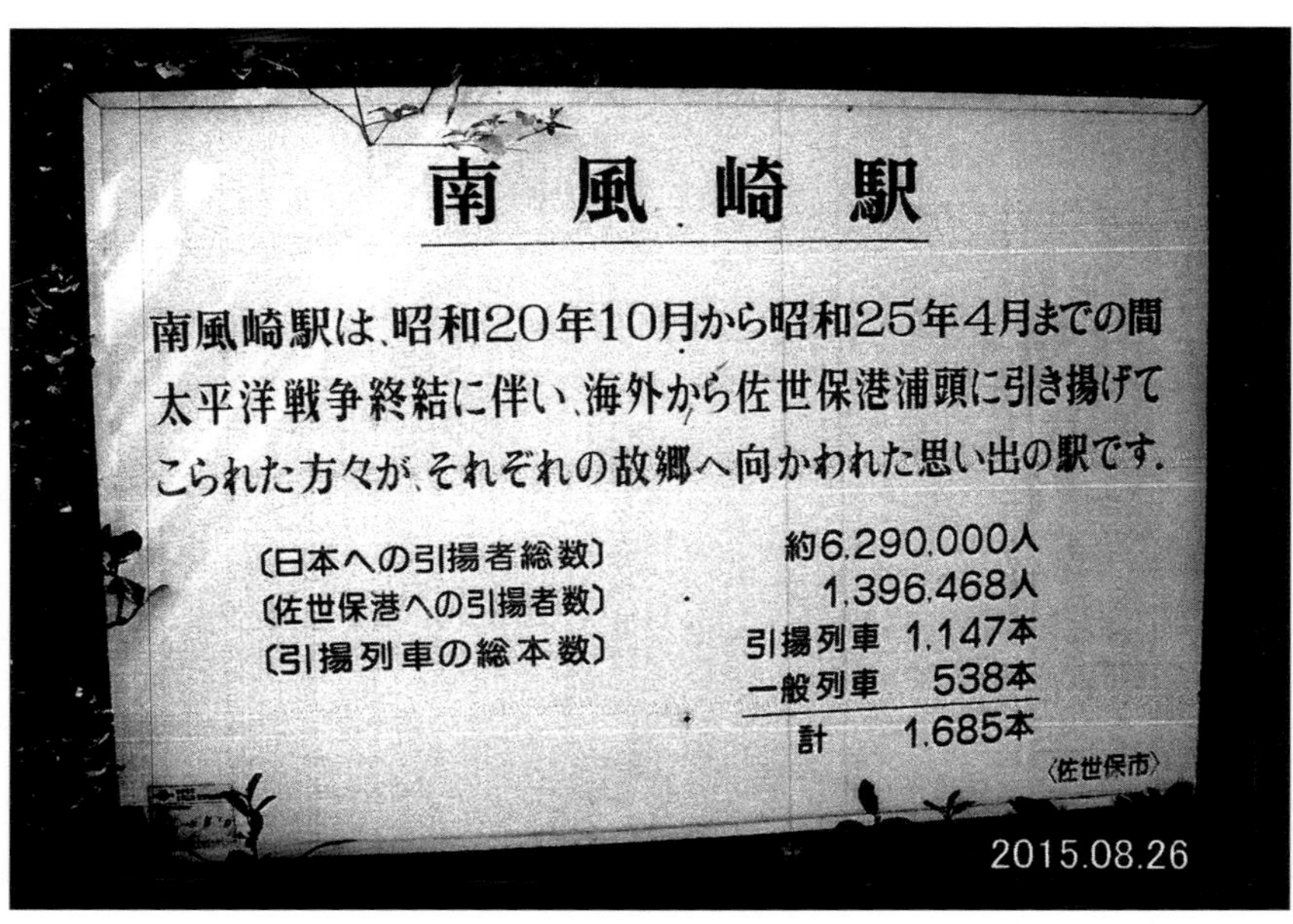


◆南風崎駅の解説案内［撮影：平成27年８月26日］

崎駅まで行きました。おとぎの国のような、かわいいハウステンボス駅を右に見ながら着いたその駅は無人駅になっていて、ホームに上ってみたら、私の背丈ほどの雑草が生い茂り、あの時、二歳の私は混雑の中に立ち、引き揚げて来た人は未来への希望を持って、列車に乗り込んだろうと想い、涙があふれてきました。駅前も閑散としてわびしく、ハウステンボス駅と南風崎駅にも時代の流れを感じました。

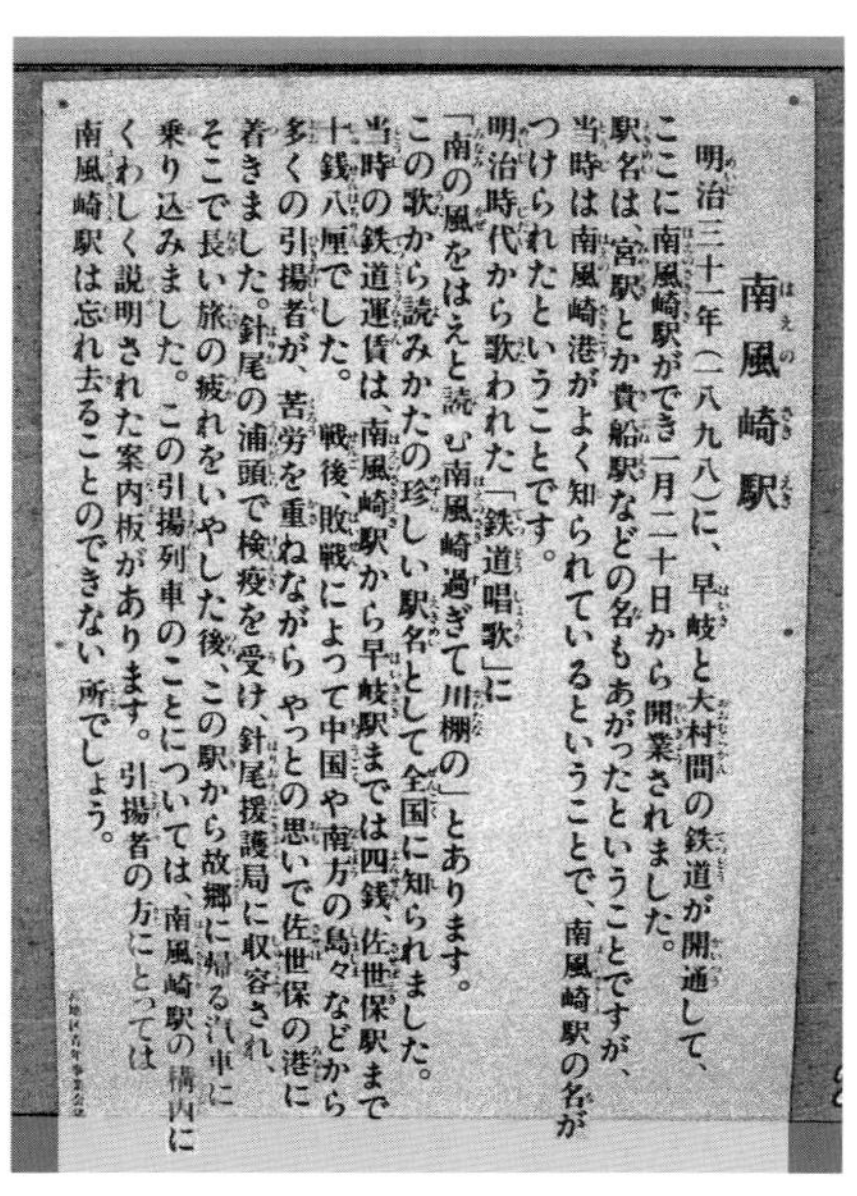


◆南風崎駅［撮影：平成27年８月26日］

◆**浦頭引揚記念平和公園のモニュメント**［写真撮影：村田もも］

◆**佐世保浦頭港**［写真撮影：松崎直子／平成７年10月14日］

父の趣味の一つが写真でした。風景は写してはならない風潮があったようで、人物が多く残っています。旧満洲の自宅に暗室を作り、母を助手にして、現像、焼き付け、引き伸ばしを自分の手でやっておりました。父の技術は大したものだったようで、変色もしていません。

母が百一歳で亡くなった後に分かったことですが、新聞記事から、博多、門司税関に照会して、横浜税関に残っていたことが分かり、満鉄の社員通帳、郵便局の積立、生命保険証書が返還されてきました。多分、埠頭上陸した時に、没収されたのでしょうか。写真も通帳も、父と母の満ち足りた古き良き時代の記念です。私は大事に持っておきたいです。今年の夏は戦後七十六年にあたります。そして、私はおかげ様で、無事七十六歳の誕生日を迎えます。また暑い夏がやってきます。

［なかむら　ようこ］

**◆浦頭引揚記念平和公園の歌唱碑**

［写真撮影：村田もも］

episode 20

# 京城（キョンソン）からの引揚

朝鮮半島京畿道
けいじょう

田村勝利

## 戦中戦後の思い出

平成二十年七月に私は七十二年ぶりに生まれ故郷の韓国ソウルを訪れた。帰国後過去は振り返らないつもりでいたが、歳のせいなのか戦中・戦後、子供のころの思いが走馬灯のように浮かんできた。

終戦の日、昭和二十年八月十五日、私は櫻井国民小学校一年生七歳の途中だった。

終戦間近の夏の暑い日、小学校からの帰り道、突然の空襲警報に驚き家の近くの防空壕に慌てて飛び込んだ。防空壕の上にある高射砲が火を吹き上空で花火のように破裂する様子は、まるで映画のワンシーンを観るように今でも鮮明に覚えている。その飛行機は、朝鮮半島を横切って日本本土空襲に向かうB29大型爆撃機だと後に祖父から聞いた。祖父は当時在郷軍人の隊長で指揮を取っていた。

幸い朝鮮半島は一度の爆撃もなく、戦禍は免れた。

**◆京城での家族写真**　左から祖母 朝代、母 雛、三歳の私、祖父 田村作郎、曾祖母 小さい婆ちゃん。父は満洲北支へ。［昭和15年頃］

八月のある日母に呼ばれ、薄暗い黒幕電灯の下でよく聞こえない天皇陛下の玉音放送を聞かされ、戦争が終わった事を親から知らされた。

その日から京城市内のあちこちで朝鮮人の暴動が起こり、危険だから外で遊ばないようにと母からきつく言われた。一夜にして外国人となった家族七人（曾祖母・祖父・祖母・父・母・私・妹京子）は早く日本帰国しないと何が起きるか分からないと身の危険を感じながら、早々に帰国の準備を始めた。家屋敷、財産の全てを失い裸同然、身の周り品と僅かな食料品だけを持って急いで京城駅へ歩いていった。なお、家屋敷・財産の総てを三人の朝鮮人使用人に分け与えたと祖父から聞いた。

# 京城から釜山、そして乗船

釜山行きの列車は大勢の人でいっぱいで、デッキや屋根にも人が溢れ群がっていた。列車は途中何度も止まりながら、やっと釜山駅へ無事に着き、桟橋の倉庫で一夜を過ごした。倉庫内は蒸し暑く人でいっぱいで横になる事もできない状態だった。何週間たったのか覚えていないが、引揚船が来ないので、食糧品もなくなり、兵隊さんから貰った乾パンや桟橋で釣った鰯や粟、コーリャンなど食べられるものは何でも食べて飢えを凌いだ。釜山倉庫での悲惨な生活は八十二歳になった今でも良く記憶している。待ち望んだ引揚船が来た時は歓喜の声が上がり一斉に船の甲板に向かった。いざ乗船するとき、初めて見るアメリカ兵に驚き怖いと思った。

六尺豊かな大男がヘルメットに腰にピストル、肩には銃を下げていた。ＭＰの荷物検査があり、首に下げた祖父の軍用双眼鏡、腕時計、貴金属など、その他欲しいものはなんでも有無なく没収された。やはり日本は戦争に負けたのだとその光景を見て子供ながら実感した。当時現金は一人千円まで、荷物は持てるだけ。私は大きなリュックサックを背負い両手に風呂敷包みを持って乗船すると船底に押し込められた。

船内は蒸し暑く、幼児子供連れのお母さん、怪我した兵隊さん、今にも死にそうな病人など悲惨な光景と人、人、人で身を横たえることもできない状態だった。翌日デッキから大声で島が見えると叫

◆**釜山港での乗船の様子**［撮影：三宅一美／昭和21年３月］

ぶ声が聞こえ急いでデッキに登った。陸地が徐々に大きくなるにつれて歓喜の声があがった。初めてみる日本、博多港。無事に故国に辿り着いた安堵感と嬉しさで一杯だった。

上陸後またＭＰの検査があり、頭からＤＤＴの白い粉を噴霧され、身体中真っ白にされた。朝鮮京城で祖父母が築き上げた財産の全てを失い、僅かな身の周り品を持って帰ってきたものの、家なく、仕事なく、お金なく、どうすればよいのか困惑と絶望的な日々だった。

博多駅から祖父の故郷大分の中津駅を目指し引揚列車に乗った。途中の風景は、焼け野原で日本が甚大な被害を受けた様子に驚いた。京城では一度の爆撃もなく戦禍は免れた。中津駅から普通の列車で祖父の古里大貞村の親戚の農家に辿り着き、家族七人やっと安堵した。祖父は親戚の山の斜面を開墾し畑を作り、父は近くの軽飛行場の進駐軍キャンプで通訳として働いた。私は遠くの大貞小学校（校門に二宮金次郎の銅像）に新一年生として再入学した。

ある日、父が進駐軍将校を連れて来た。妹京子二歳が可愛いらしく、食糧難のおりチョコレートやお菓子などをいっぱい持ってきてくれた事をよく覚えている。大貞村にいたのは一年足らずで、家族七人温泉で有名な観光地、別府へと移り住んだ。昭和二十二年（一九四七）に祖父母は別府流川通り五丁目附近の標準市場で壷焼、ポンせんべい、闇タバコを販売する商売を始めた。その間にも祖父、父は闇米、食糧など求めて買い出しに行っていたが運悪く警察に捕まりブタ箱入り。当時祖母が工面した千円で釈放された。

その後、私の家族四人（父母私妹）は引揚者住宅に指定されていた原病院、元結核療養所だった六畳一間の長屋アパートで新たな生活が始まった。十二世帯が住む長屋アパートは、共同便所に共同の洗面所、当時はどこでもボットン便所、汲み取りでバキューム車が来るころは便がたまり臭くてたまらなかった。

## 母

私は昭和二十二年アパート近くの西小学校へ再々入学した。桜咲く四月のある日、校庭でボール遊びをしている時、白いタオルでほっかぶりした母がトラックの上から大手を振っている姿が偶然目に入った。男性に混じってニコヨン（日雇い労働者）土方の仕事に向かう姿だった。また夕方には、別府の繁華街のクラブで働き夜中の二時ころ帰って来る姿を鮮明に覚えている。子供のころはあまり理解できなかったが大人になってその光景を想い出す度に何故か涙が溢れて仕方がない。

昭和二十三年、父は西日本相互銀行別府支店に就職してやっと安定した生活が出来るようになった。一年後に大分支店に転勤になり家族四人六畳一間のアパートから一軒家の広い社宅に移り住んだ。その喜びも束の間、母が今までの苦労が祟ったのか、心を病み睡眠障害から三十八歳の若さで、突然天国に召された。私が多感な十五歳の時だった。

父は再婚し宮崎支店へ支店長代理で栄転し、すぐに義妹、由起子が生まれた。

終わりに、私自身戦中戦後のことは余りにもいろいろな事があり過ぎて、大まかなことしか記していないが、記憶に曖昧なところもある。

戦後七十六年は、物が余りすぎて世の中「飽食の時代」、スーパー、コンビニなどですぐ何でも買えるが、私が子供だったころは食べられる物は何でも食べるほど腹をすかせていた時代があった事を若い人に是非とも伝えたいと思っている。

令和三年二月新型コロナウイルスが蔓延しているが、戦中、戦後も栄養失調から、コレラ、発疹チフス、ジフテリア等の伝染病が流行し、薬や医療設備の不足から多くの死者が出たと聞いているが、施す術もなかった。戦争は二度としては駄目、戦争は一瞬にして人の命を奪うから。今は、平和な日本で幸せを感じているが、次の世代は、現在の平和な日本を何時まで語ることができるのか危惧している。

［たむら　かつとし］

episode 21

旧満洲吉林省
# 小豊満
しょうほうまん（シャオフォンマン）

からの引揚げ

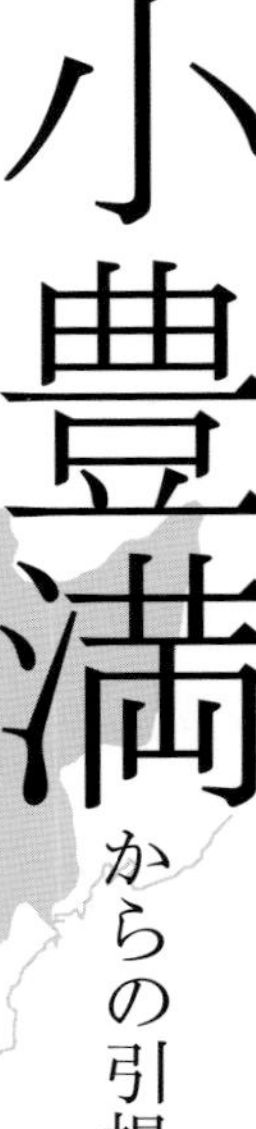

早野カズ子

## 敗戦の追憶

昭和二十年八月十五日、この日こそ日本国民否全世界が、そして私達出征家族が苦労のどん底につき落された忘れ難い日である。

昭和十四年三月二十五日、長男三歳、次男二歳とともに主人の勤務地である旧満洲国吉林省小豊満豊満ダム建設地（松花河上流を〆切って東洋一と誇るダム建設中）に着いた。この当時、外地での生活は内地の人には想像も出来ないほどに恵まれた毎日であった。

しかしアジア太平洋戦争がはじまって年を重ねるにつれ、段々と不自由を感じるようになった。でも内地に帰って来た人の話では内地は食糧や物資に大変な苦労をしている。まだまだ満洲は不自由と言っても恵まれていると聞かされた。

**◆吉林名勝**　風光秀麗なる郊外、水源地の景観。［昭和戦前期の絵葉書］

昭和十九年六月十六日、主人がお隣りにも別れを告げる事が許されず、子供達が寝ているうちにと、私だけに子供三人をよろしく頼むと言いおいて、朝早くこっそりと佐世保海軍に入隊する為に内地へ立った日である。内地からの出征であれば日の丸の小旗で歓呼の声に送られたであろうに、外地では満洲人、ロシア人と色々人種が動揺する為にこっそりと征かねばならなかった。主人が征ってから間もなく、お隣りのご主人が、前のご主人が、そして裏のご主人と次々に姿が見えなくなった。皆さんお国の為に召されて征ってしまった。残されたのは幼い子供をかかえた若い妻達であった。

主人のいない異国での淋しさの中も出征家族として大事にして頂き、毎月、婦人会長様や工場長様方が「不自由していませんか」と訪問して下さり、配給制度なのにお砂糖や食油・小麦粉等をソッと届けて下さったりした。

昭和十九年も終り頃から段々と情況が悪化して、豊満ダムも敵機が空襲するようになり、組長さんの指導で防空訓練で毎日を過ごした。だが不思議な事に敵機が来ても爆弾を落さずに上空を旋回して飛び去って行く。人の話では豊満ダムを爆破すれば満洲全域の電気が止まるからだと言う。だから、ただおどかしのためだとも聞かされた。

## 八月十五日

豊満ダムが安全だと聞いてか、方々から着のみ着のままで続々と避難して来る人達に、衣類を集めて配分したりした事もある終戦も間近い頃、組長さんが「豊満ダムもいよいよ危ないので、疎開するから身の回りの物を荷造りして置くように」と言われ、こんな時に主人がいてくれたらどんなに心強いだろうにと思いながら、ちょうど八月十五日朝早くから子供の服など整理しながら、ラジオを唯一の頼りに荷造りしていると十二時に重大ニュースがあるから聞き洩さないようにと報があった。それが無条件降伏の天皇陛下のお言葉であろうとは。張りつめた心は一時にゆるみ主人のいない私共出征家族はこれから先どうなることだろうか。

敗戦の次の日、ソ連の軍隊が進入して来るから、女や子供は絶対屋外に出ないように窓には厳重に鍵をかけて、カーテンを閉めておくようにと組長さんが身の危険をもかまわずメガホンで注意して下さる。二重窓の戸にいくつもの鍵をつけて幼い子供達と身をよせ合い、息をひそめて生きた気持もしなかった。

ソ連兵が進入してから三日目の夜だった、夜中に異様な音に目がさめた、耳をすますと遠くの方で機関銃の音がボコボコとしている。私はハッとして飛び起きた、ソ連兵が社宅の人達を片っぱしから射殺しているに違いない、いよいよ最期の時が来た。子供達を見れば防空服を着たまま無心に眠っている子供が目をさましたらどうしよう、機関銃の音は段々と近づいて来るし、でも不思議なことに銃に射たれれば人の泣き声や叫び声がする筈なのに、犬の鳴き声一つしない。無気味なまでにシーンと静り返っている。だが弾がピュウピュウと我が家の屋根すれすれに飛んで行くのが手に取るように分かる。高鳴る胸を静めながら、覚悟は出来た。

幸い子供はまだ眠っている。このまま母子四人一緒に銃に射たれて死のうと子供と並んで横になった。だがどうした事か銃の音は次第次第に遠のいて、やがて聞こえなくなった。

夜が明けるのを待ちかねておそるおそる窓から首を出して外の様子を伺うと、お隣りの奥さんも前の奥さん達も同時に首を出し、怖かったねーと異口同音。ご主人のいる菊地さんのお宅では窓側にフトンを積み上げて弾よけを造ったのに、貴女達はまあーっとあきれた様子であった。

翌日からソ連兵が武装したまま厳めしい靴音を立てながら、各家のラジオを取ってまわる。子供達はロスケが来た、ロスケがきたと部屋の隅にちぢこまっている。遊び盛りの子供が不潤でならなかった。敗戦と同時に私達出征家族の収入は断たれた。ご主人のいる家では終戦前と同様にダム工場の技術者として勤務することが出来て給料も貰えたのであるが、主人のいない私達は給金は全くそのまま出な

**◆吉林名勝**　松花江岸の賑ひ戎克と筏。[昭和戦前期の絵葉書]

JUNKS AND RAFTS IN R. SUNGARI,
(名勝) 松花江岸の賑ひ戎克と筏

かった。衣類の売り食いで子供三人を抱えて何時内地へ帰れるとも見当がつかないので、以前に親しかった満洲人にタバコの葉を分けて貰い、人に教えられたタバコの巻き方をおぼえて二十本入の紙箱を造り、表にクーニャン（娘）のスタンプを押して売ったこと。朝鮮人に芋アメを造って貰い、それを売り歩いたこと。松花河には魚が沢山いるのでその魚を取って下さる人があって、カマボコや天ぷらを造るのを教えてもらい売り歩いたがそれはさっぱり売れず、道ばたに座り込んだことも度々だった。

だが一番長続きして人気のあったのは満洲人にモヤシを造って貰い、それを安く買い受けて車にのせて売り回ったことである。零下三十度の氷ついた道を末娘をしっかり背負って、モンペの裾はコチコチに凍りついたが、それでもお蔭で病気はしなかった。終戦から月日が経つにつれ段々とソ連兵の恐さも薄らいで、子供達も学校には行けないが友達と外で遊べるようになった。やはり豊満ダムは日本人人ならでは出来ない大事な事業であったのが思い知らされる。

## 内地の緑の山野が見えた時の嬉しさ

翌昭和二十一年八月、ダムに技術のない者達の帰国が許されて第一に私達が優先的だった。その時の喜びは言いようがない。一年間、ソ連兵におびやかされながら働き続け、売りつくして生きのびた喜び、子供三人もお蔭で元気である。主人の消息は分らぬまま。内地に帰れば何とかなる。

待望の帰途の日、吉林の駅から汽車にのったものの天井のない貨物車である。吉林から汽車が出ると同時に大雨に見舞われ、頭からズブぬれになった。途中で食物はコーリャンにカボチャやナスを切りこんだ粗末なオジヤを、家族の分だけ分けて貰いそれで飢えをしのいだ。

しかし汽車は、少し走っては三日も四日も止まったきり進まない。その都度、少しずつお金を出し合っては満洲人の運転手に、お世辞する有様で途中何度も汽車が止まったままだったか知れない。家を出てから二十何日ぶりに引揚げ目的地のコロ島と言う所まで辿りついた。そこで日本の引揚船に迎えられ御苦労様でしたとやさしい船員さんの一言にホロリと胸のつまる思いだった。

船の旅が十日間、博多の沖で内地の緑の山野が見えた時の嬉しさは、とうてい言葉には言い表わせない。博多の引揚収容所で二晩ゆっくりと手足をのばし、疲れた身体を休める事が出来た。十何年ぶりにあこがれの故郷へ帰り着き、当時まだ健在だった母は私達の帰りを夢ではないかと喜び、夜中に何度もカヤの外から寝顔をのぞきに来たりした。

翌二十二年四月、主人の戦死は二十年四月二十四日ルソン島と公報を受け取ったのでありました。

光陰矢の如しと昔の人はよく言ったものだ、終戦後早や四十数年の年月が流れた。

二十一年の九月最初の引揚げで親子四人無事に肉親の待つ故郷へたどりつく事が出来た。しかしその喜びも束の間、食糧難にあえぐ状況を見てじっと甘えてはおられなかった。子供三人を育てる為には当時のヤミ米を人に教えられ、汽車に三時間もゆられながら警察の目を忍んでの仕事は容易ではなかった。どっしりと重かった胴のまわりを今更のように思い出される。

そのうち人様の御好意で勤務口をお世話になり、ヤミ米の苦労からは開放されたものの勤めに出れば、また違った気苦労がある。初めて手に持ったソロバンには随分悩まされたものだった。子供が学校を終わるまではと、安い給料でよく頑張ったものだ。お陰で子供達は母思い兄妹思いの子に成長してくれ、今では二人の子の親となり、ささやかながらそれぞれに平和な家庭を築いている。

子供と一緒に住んでいないが、私は私なりに自分で建てた粗末な家は誰に気がねも無く遺族扶助料も年毎に増え、年金も頂いて時折り子供からの仕送りも受けて、近所の人の御好意に甘えて気楽に暮らせる今の幸せに、昔の苦労は遠い懐しい想い出となっている。後三年で主人の五十回忌、私もやがて八十歳に手の届く老齢となった。戦後に歩いた様々な永い人生を今じっくりと瞑想に更ける此の頃であります。

［はやの　かずこ］

＊平成五年（一九九五）五月刊行　引揚げ港・博多を考える集い『戦後五〇年―引揚げを憶う』から転載

# episode 22

# 撫順からの引揚

旧満洲奉天省
ぶじゅん（フーシュン）

十時鶴夫

## 暴動と略奪

全員ラジオを聴くようにということで、一家全員と近所の日本人達とラジオの前に集合した。玉音放送である。大人達は泣いていた。小学校五年生の自分には何と言っているのかわからず尋ねると「日本は戦争に負けたのよ」と言った。父は「今までの戦果放送は嘘だったのか」と怒っていた。

やがて暴動が始まり、リーダーが家に石を投げると、ガラスが割れた家に一斉に入り、略奪を始めたのである。日本人の若者達が家の周りを囲み、防衛線を張った。それに中国人の李さん（以前父が警察に捕まっていたのを助けた）が、若者の警備線で蹴られながらも「トトチさん守る（トトキさんと発音できない）」と言いながら我が家に来てくれた。そして玄関で控えていた。若者や李さんのおかげで、幸い我が家は何事も無かった。

**◆我が家一家と叔母**　左から叔母、長女、私、父、次女、母。

やがてソ連軍が来るというので、一家はお寺に避難した。そこには既に多くの日本人が避難していた。母が「ソ連兵が来たら正座をして頭を下げなさい」と言った。

ある日、日本の戦車に乗せてくれるとのことで、大通りに行くとそれは終わっていた。後日その大通りでは多くの日本兵が武装解除され、所々にソ連兵が付き、撫順駅のほうへ連行されて行った。帰国後それが日本兵のシベリア送りであったとわかった。撫順に進駐したソ連兵は囚人部隊と聞いた。彼らは略奪した腕時計を両腕にいっぱいはめていた。時計が止まると、ねじを巻くことを知らないのか捨てるのである。若い女性は襲われるので、皆、髪を切って傘をさして歩いていた。

◆中国人の李さん一家

そのうち日本人全員に青酸カリを一袋ずつ配付された。父に「これ飲んだらどうなるの」と尋ねると「ひゅっひゅっと言って死ぬんだよ」と言われた。これで自分も死ぬのだと思ったが、怖くはなかった。その後その青酸カリと刀剣類の回収が行なわれた。

## 多くの日本人難民

終戦直後の撫順は、旧満洲北部から逃れて来た、おびただしい日本人難民であふれていた。彼らは皆、着の身着のままで、乞食同然の姿で気の毒であった。毎日の食生活にも困り、大人も子どもも日本人の家を廻り、食物を貰っていた。その日が誕生日という子どもが来て「母さんがご馳走を作ってくれるので、○○の材料をください」と言った。それを聞いた父は怒り「お母さんを連れて来い」と言った。後でお母さんが来て、旧満洲北部からの逃避行等苦労話をした。両親はそれを聞き同情し、家族全員をよび、食事を共にした。国策で旧満洲北部に渡った人達は大変な苦労をしたようである。日本に帰国する際、列車は無蓋車であったそうである。走行中に車外に落ちた人達は、それが最後の別れとなったとのことである。

ある日ソ連軍の戦車の進入を防ぐ為に掘ったという、大きな溝を見に行った。その場の光景を見て、息を飲むと言うのはこのような事かと思った。地獄図とは正にこの事であろう。掘られた溝には、数え切れないほどの日本人（であろう）の裸の死体の群れである。恐らく日本人避難民が、肉親の死者の衣服を剥いで埋めたのであろう。記憶では、撫順の最低気温はマイナス二十四度である。それほど極寒の地である。死者の衣服を剥いで、生きている自分達が着ねばならない、彼らの気持ちを考えると、心が痛む。

◆**撫順の家**　東生病院。［昭和20年］

## 治安回復と国府軍進駐

ソ連の憲兵隊が来たからか、撫順は平穏になった。ソ連兵達は彼らを非常に恐れていた。大きな馬に跨がり走行し、悪いことをすれば、馬上から即撃で殺すと話を聞いた。日本人も安心して外出できるようになった。

市内のあちこちに、日本兵が遺棄した銃弾があった。それらを集めて火薬を取り出し、地上に長く這わせる。その端の火をつけ、火が走るのを見て楽しんだ。火薬を抜いた薬莢を立て、信管に苦労して釘を立てるのである。そしてアパートの二階から石を落として破裂させる。今考えるとかなり危険な遊びをしたものである。

## 戦後の生活、大連港から引揚げ

戦後三ヵ月ぐらい経つと、ソ連軍と八路軍は撤退して行った。その際、発電所の機械等を持ち帰ったとのこと。それで停電の時間が多くなった。次に進駐してきたのが国府軍である。八路軍に比べ、国府軍の身なりは奇麗だった。女性と連れ立って歩く姿をよく見かけた。軍規はゆるく感じた。それから一年ぐらいした頃、学校がようやく始まった。最初に来た中国人が「天皇は神様ではない、人間だ」と言われたのが印象に残っている。中国の教育が毎週行なわれた。

少し話は前にもどるが、我が家は病院を経営していた。父は戦後すぐ施療（無料で治療）を始めた。その宣伝のチラシを、家の前で一家総出で通行人に配付した。それからは毎日おびただしい数の患者（乞食も）が来て大混雑だった。それも三ヵ月くらいで薬も少なくなり、以後は小額の治療代をもらうようになった。

間もなく三人のソ連兵の患者が、病気を理由（仮病らしく元気が良かった）に、我が家の客間に撤退するまで入院することになった。入院・治療（した記憶はない）代は貰った記憶はない。そのかわり、毎日料理に使う豚肉は欠かさず買って来た。その量は半端ではなく、片足一本である。それを「かあちゃん」と言って片手で母にひょいと渡すのである。母はそれを両手で受け取ったが尻餅をついた。

彼らは朝食前に必ずウオッカをコップに一杯、一気に飲むのである。極寒の地で働くので、それで体を温めるのだろうと思う。彼らは集団ではきびしかったが、個人的には非常に良かった。撤退する時は、腕にはめていた大きな（四センチくらい）腕時計を父に手渡した。お返しに父は蓄音機を渡した。

◆ソ連兵の患者［昭和20年］

昭和二十三年になると、八路軍がまた進駐して来るという。帰国するなら今回が最後になると言われた。港への線路は八路軍に阻まれ、汽車で行くことができない。それで奉天（瀋陽）まで汽車で行き、そこから貨物機で空路大連まで飛んだ。大連港からは貨物船に乗り日本へ向かった。佐世保が見えると、緑多い景色が見え、「沢山食べられるぞ」と言った人がいたそうだ。食生活に苦労し、草を食べて生き抜いた人も多かったのであろう。自分は恵まれた生活ができていたのだと、感謝である。

## 帰国後の生活

上陸後の住居は引揚者用のアパートで、木造一間の二階建てであった。夕日が入ると蒸し風呂のようであった。引揚げ後の父は無職で引揚援助物資を売っての筍生活である。新聞で医者の募集が出ていたので父に知らせた。父は何か屁理屈を言って断った。今さら使われるのが嫌なのだと思った。父は家から通えない所で一人で働く仕事を見つけ出て行った。時折帰って金を置いていく、そのような生活が続いた。

母は栄養失調（と思う）で、寝たり起きたりであった。今考えると自分は食べなくても子ども達には……と思ったのであろう。母がある日「カミソリを」と言ったのである。でも、母の言葉に妖気のようなものを感じ逆らえなかった。それで手渡すと母はいきなり手首を切った。自分はすぐ近くの大人の人を呼んだ。「なんでカミソリを渡したんだ」と怒られた。誰が医者を呼んだのか、そのあたりは覚えていない。母は寝たきりになり、そして一年ぐらいで他界した。

妹二人は八歳と二歳でまだ小さい。自分は炊事と妹の世話で大変だった。それで父は担任の先生に会い、午後の授業を受けずに下校させてくれるように頼んだ。担任の先生は「これも社会の勉強だ」と言われた。社会の勉強って何？　社会科と関係あるのかな？　と思った。そして後になって周りの人達の援助や炊事の苦労、ボーイスカウトの活動等を通してわかった。

こんな事を覚えている。魚を焼くため七輪に魚を乗せて、その場を離れた。帰ってみるとアパートの二階が煙で充満し、大騒ぎになっていた。この事件のせいか、知り合いのお母さん達が時々おかずを持ってきてくれた。所詮中学二年生の男の料理、三人とも痩せ細った。夏休みになると父が妹二人を親戚に預けた。休みが終わり、二人が帰って来た。二人を見て驚いた。丸々と太っていたのである。

その後に父は再婚した。戦後は多くの国民が、大なり小なりに大変苦労したと思う。七十六年間戦争を体験せずにすみ、ありがたいことだと思う。戦争は絶対にしてはならない。憎しみの連鎖を生むだけである。

［とときつるお］

# 戦後七十六年を経て

遠藤順子

博多港には一三九万人が海外から引揚げた。

引揚時には、およそ想像の及ぶ以上の悲惨が起き、人々はそれに立ち向かわないといけなかった。人の尊厳が軽んじられ、食べ物も薬もなく、暴力と略奪、凍えにさらされ、多くの人は家族や大事な人を失った。口をつぐんで生きる他はない屈辱に耐えなければならない人々もいた。

その悲惨の中で、助け合った人々、無償の愛と思い遣りをもって助けの手を差し延べた人々のことも忘れてはなるまい。それは同胞に限らない。現地の人々からの、あるときは命がけと言ってもさしつかえない助けにより帰還できた人々がいることを見落としてはならない。

過去を知るものであるこの本が、未来の平和について考え、今どう生きればよいのかを考えるよすがとなればと思っている。

令和三年十一月二十一日

図書出版のぶ工房　発行人［えんどう じゅんこ］

# あれから七十六年

## 二十二人の戦後引揚体験記

ISBN 978-4-901346-72-6

令和三年（二〇二一）十二月十二日　初版第一刷発行

編　纂　引揚げ港・博多を考える集い
監　修　堀田広治
発行者　遠藤順子
発行所　図書出版のぶ工房
〒八一〇–〇〇三三　福岡市中央区小笹一丁目十五番十号三〇一
電話（〇九二）五三一–六三五三　FAX（〇九二）五二四–一六六六
印刷・製本　九州コンピュータ印刷

定価はカバーに表示してあります。乱丁・落丁は小社あてにお送りください。送料小社負担にてお取替えいたします。

# 『あれから七十七年（仮題）』手記原稿募集

## 「引揚」と「援護」の記憶を未来に伝えるために

本書『あれから七十六年』の次巻に掲載する手記を募集します。引揚にまつわる、あなた自身の体験をお待ちしています。

共著となりますので、文字数は、約二〇〇〇字～四〇〇〇字（四百字詰原稿用紙五～十枚程度）でお願いします。手記にまつわる写真を一枚以上添付ください。どんな写真かは、本書をご参考ください。

ご住所、お名前、年齢と、連絡先のお電話番号、あればメールアドレスをご明記ください。

採否は「引揚げ港・博多を考える会」にお任せいただき、採否に関するお問い合わせは御遠慮ください。

掲載にあたっては、大意を変えない範囲でのリライトをする場合がございますので、ご了承願います。

掲載の方には、本を三冊進呈します。

締切◆令和四年（二〇二二）四月三十日
送り先◆福岡市中央区小笹一丁目十五番十号三〇一
図書出版のぶ工房「引揚の手記」係